2024 中财传媒版
年度全国会计专业技术资格考试辅导系列丛书·注定会赢®

初级会计实务速刷360题

财政部中国财经出版传媒集团　组织编写

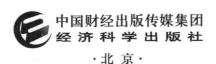

中国财经出版传媒集团
经济科学出版社
·北京·

图书在版编目（CIP）数据

初级会计实务速刷 360 题/财政部中国财经出版传媒
集团组织编写 . -- 北京：经济科学出版社，2024.1
（中财传媒版 2024 年度全国会计专业技术资格考试辅
导系列丛书 . 注定会赢）
ISBN 978 - 7 - 5218 - 5531 - 9

Ⅰ . ①初…　Ⅱ . ①财…　Ⅲ . ①会计实务 - 资格考试 -
习题集　Ⅳ . ①F233 - 44

中国国家版本馆 CIP 数据核字（2024）第 003045 号

责任校对：郑淑艳
责任印制：邱　天

初级会计实务速刷 360 题

CHUJI KUAIJI SHIWU SUSHUA 360 TI

财政部中国财经出版传媒集团　组织编写
经济科学出版社出版、发行　新华书店经销
社址：北京市海淀区阜成路甲 28 号　邮编：100142
总编部电话：010 - 88191217　发行部电话：010 - 88191522
天猫网店：经济科学出版社旗舰店
网址：http：//jjkxcbs. tmall. com
北京时捷印刷有限公司印装
787 × 1092　16 开　12 印张　260000 字
2024 年 1 月第 1 版　2024 年 1 月第 1 次印刷
ISBN 978 - 7 - 5218 - 5531 - 9　定价：36. 00 元
（图书出现印装问题，本社负责调换。电话：010 - 88191545）
（打击盗版举报热线：010 - 88191661，QQ：2242791300）

前　　言

　　2024 年度全国会计专业技术初级资格考试大纲已经公布，辅导教材也已正式出版发行。与上年度相比，新考试大纲及辅导教材的内容发生了较大变化。为了帮助考生准确理解和掌握新大纲和新教材的内容、顺利通过考试，中国财经出版传媒集团本着对广大考生负责的态度，严格按照新大纲和新教材内容，组织编写了中财传媒版 2024 年度全国会计专业技术资格考试辅导"注定会赢"系列丛书。

　　该系列丛书包含 7 个子系列，共 14 本图书，具有重点把握精准、难点分析到位、题型题量丰富、模拟演练逼真等特点。本书属于"速刷 360 题"子系列，每本书设计了 360 道极具参考价值的习题，其题型和难易程度均依照考试真题设计，每道试题附有参考答案及解析，全书通过刷基础、刷提高、刷易错、刷通关，帮助考生强化知识点、精准训练、夯实基础，增强考生的应考冲刺能力。

　　中国财经出版传媒集团为购买本书的读者提供线上增值服务。读者可通过扫描封面下方的"注定会赢"微信公众号二维码下载"中财云知"App，免费享有前导课、知识点串讲、学习答疑、每日一练等服务。

　　全国会计专业技术资格考试是我国评价选拔会计人才、促进会计人员成长的重要渠道，也是落实会计人才强国战略的重要措施。希望广大考生在认真学习教材内容的基础上，结合本丛书准确理解和全面掌握应试知识点内容，顺利通过考试，不断取得更大进步，为我国会计事业的发展作出更大贡献！

　　书中如有疏漏和不当之处，敬请批评指正。

财政部中国财经出版传媒集团

2023 年 12 月

目　录

第一部分

速 刷 题

第一章 概　述

刷基础

1. （单选题）单位内部的会计监督职能要求会计机构、会计人员对其特定主体经济活动和相关会计核算进行审查，下列各项中，不属于审查要求的是（　　　）。
   A. 真实性　　　　　B. 合理性　　　　　C. 合法性　　　　　D. 合规性

2. （单选题）下列选项中，（　　　）是指在可以预见的将来，企业将会按当前的规模和状态继续经营下去，不会停业，也不会大规模削减业务。
   A. 会计主体　　　　B. 持续经营　　　　C. 会计分期　　　　D. 货币计量

3. （单选题）可比性要求企业提供的会计信息应当相互可比，下列各项中，符合可比性要求的是（　　　）。
   A. 甲企业与乙企业针对同一期间发生的相同业务采用不同的会计政策
   B. 丙企业为保证不同时期发生的相同业务的会计信息可以比较，要求必须采用一致的会计政策，并不得变更
   C. 因新的企业会计准则能够提供更准确的会计信息，丁企业决定采用新企业会计准则，并将相关信息在附注中予以说明
   D. 社会公众通过分析不同企业相同时期的会计信息产生的差异原因，可以客观地评价过去、预测未来，作出决策

4. （单选题）由于（　　　）的出现，才出现了应收、应付、折旧、摊销等会计处理方法。
   A. 会计主体　　　　　　　　　　　　B. 持续经营
   C. 会计分期　　　　　　　　　　　　D. 货币计量

5. （多选题）下列各项中，属于会计拓展职能的有（　　　）。
   A. 预测经济前景　　　　　　　　　　B. 参与经济决策
   C. 落实经管责任　　　　　　　　　　D. 评价经营业绩

6. （判断题）对于财务会计报表中计提减值准备的资产项目，在财务会计报表的正表中采用净额列示的，应在附注中说明相应已计提减值准备的金额，这体现了可理解性的会计信息质量要求。（　　　）

7. （判断题）会计核算与会计监督是相辅相成、辩证统一的。（　　　）

8. （判断题）符合中小企业划型标准规定且具有金融企业性质的小企业适用小企业会计准则。（　　　）

刷提高

9. （单选题）根据权责发生制的要求，甲企业发生的下列业务中，应当确认为当期收入的是（　　）。

A. 本月收取的上月销货款
B. 本月销售货物但未收取的款项
C. 本月预收下季度的房屋租金
D. 本月出售专利权收取的价款

10. （多选题）会计工作完成的任务或达到的标准即为会计目标，下列各项中，属于会计基本目标的有（　　）。

A. 向财务报表使用者提供企业财务状况、经营成果和现金流量等有关的会计资料和信息
B. 保证会计资料真实、完整
C. 有助于财务报告使用者作出经济决策
D. 反映企业管理层受托责任的履行情况

11. （多选题）下列各项中，符合谨慎性会计信息质量要求的有（　　）。

A. 金额较小的低值易耗品分期摊销计入当期损益
B. 在财务报表中对收入和利得、费用和损失进行分类列报
C. 对很可能承担的环保责任确认预计负债
D. 固定资产预期可收回金额低于其账面价值的差额确认资产减值损失

刷易错

12. （单选题）企业应将租入的资产（短期租赁和低值资产租赁除外）视为企业自有资产，体现的会计信息质量要求是（　　）。

A. 可靠性
B. 实质重于形式
C. 重要性
D. 谨慎性

13. （多选题）企业将属于研究阶段的研发支出确认为研发费用，体现的会计信息质量要求有（　　）。

A. 及时性
B. 重要性
C. 可比性
D. 谨慎性

14. （多选题）下列关于会计主体的表述中，正确的有（　　）。

A. 会计主体为会计核算界定空间范围
B. 法律主体一定是会计主体
C. 企业所有者个体所发生的经济交易应纳入企业会计核算范围
D. 企业所有者向企业投入资本不属于企业会计主体的核算范围

15. （判断题）在应收款项实际发生坏账损失时，确认坏账损失，体现的是会计信息质量要求是谨慎性。（　　）

刷通关

16. （单选题）下列各项中，反映了对会计人员的发展要求的是（   ）。
   A. 坚持惯例，守护传统
   B. 坚持诚信，守法奉公
   C. 坚持学习，守正创新
   D. 坚持准则，守责敬业

17. （多选题）关于会计职业道德与会计法律制度的区别的下列表述中，正确的有（   ）。
   A. 会计法律制度具有很强的他律性，但会计职业道德具有内在控制力
   B. 会计法律侧重于调整会计人员的外在行为和结果的合法化，但会计职业道德则主要调整会计人员内在的精神世界
   C. 会计法律制度的表现形式是具体的、明确的、正式形成文字的成文规定，但会计职业道德的表现形式则是不成文的规范
   D. 会计法律制度以法律规定为评价标准，但会计职业道德以行业行政管理规范和道德评价为标准

18. （判断题）如果企业发生破产清算，经相关部门批准后，可以继续使用持续经营假设。（   ）

第二章　会计基础

刷基础

19.（单选题）下列会计要素中，属于动态会计要素的是（　　）。

A. 资产

B. 负债

C. 收入

D. 所有者权益

20.（单选题）下列各项中，需要考虑货币时间价值因素的会计要素计量属性是（　　）。

A. 可变现净值

B. 现值

C. 历史成本

D. 重置成本

21.（单选题）某企业发生的下列经济业务中，会使一项负债增加，另一项负债减少的是（　　）。

A. 以银行存款偿还前欠货款

B. 开具的银行承兑汇票到期无力支付

C. 向投资者宣告发放现金股利

D. 经批准将资本公积转增为实收资本

22.（单选题）关于会计凭证保管的下列说法中，正确的是（　　）。

A. 当年形成的会计档案，在会计年度终了后，可由单位档案管理机构临时保管 1 年

B. 因工作需要确需推迟移交单位档案管理机构的，经会计机构同意，最长可在会计机构保存 3 年

C. 单位未设立档案机构的，应在会计机构等机构内部指定专人保管

D. 出纳人员可以兼管会计档案

23.（单选题）下列各项中，不符合账簿登记要求的是（　　）。

A. 根据红字冲账的记账凭证，用红字冲销错误记录

B. 登记账簿一律使用蓝黑墨水或碳素墨水书写

C. 日记账必须逐日结出余额

D. 发生账簿记录错误不得刮、擦、补、挖

24.（单选题）银行存款日记账与银行对账单之间的核对属于（　　）。

A. 账实核对

B. 余额核对

C. 账证核对

D. 账账核对

25.（多选题）关于原始凭证审核的下列表述中，正确的有（　　）。

A. 对凭证中日期、业务内容与数据的真实性进行审核

B. 对原始凭证记录经济业务是否符合国家法律法规规定进行合法性审核

C. 对原始凭证各项基本要素是否齐全进行完整性审核

D. 对原始凭证记载的各项内容的正确性进行审核

26. （多选题）下列各项中，属于科目汇总表账务处理程序优点的有（　　）。

A. 简单明了，易于理解　　　　　　B. 减轻登记总账的工作量

C. 起到试算平衡的作用　　　　　　D. 不利于对账目进行检查

27. （判断题）年度终了，形成的电子会计资料属于具有永久保存价值或者其他重要保存价值的会计档案。（　　）

刷提高

28. （单选题）企业拥有的下列资源中，应将其确认为资产的是（　　）。

A. 管理部门对以租赁方式租入的办公楼进行的装修支出

B. 已签订采购合同但尚未购入的环保设备

C. 自行研发专利技术发生的研究阶段的支出

D. 仓库中存放的受托代销的商品

29. （单选题）2×23 年 12 月 31 日，甲公司库存 M 材料的账面余额为 100 万元，该批 M 材料全部用于生产 N 产品，M 材料全部生产的 N 产品的市场价值为 125 万元，将 M 材料加工成 N 产品预计还需发生加工费 20 万元，销售 N 产品预计还需发生销售费用 10 万元，销售 N 产品预计还需缴纳税费 5 万元。当日，该批 M 材料的市场价值为 98 万元。假定不考虑其他因素，2×23 年 12 月 31 日甲公司库存 M 材料的可变现净值为（　　）万元。

A. 100　　　　　B. 90　　　　　C. 95　　　　　D. 98

30. （单选题）2×23 年 5 月 31 日，甲企业资产总额为 800 万元。2×23 年 6 月收回应收账款 40 万元；以银行存款归还短期借款 30 万元；赊购生产设备一台，价值 80 万元（不考虑增值税）。假定不考虑其他因素，2×23 年 6 月 30 日甲企业资产总额为（　　）万元。

A. 770　　　　　B. 800　　　　　C. 810　　　　　D. 850

31. （单选题）下列各项中，与"应付账款"科目记账方向相同的是（　　）。

A. 存货跌价准备　　　　　　　　　B. 未确认融资费用

C. 生产成本　　　　　　　　　　　D. 管理费用

32. （单选题）下列各项中，关于银行存款日记账的表述正确的是（　　）。

A. 应按实际发生的经济业务定期汇总登记

B. 仅以银行存款付款凭证为记账依据

C. 应按企业在银行开立的账户和币种分别设置

D. 不得使用多栏式账页格式

33. （多选题）发生自然灾害和意外损失时，要对受损失的财产物资进行的清查属于（　　　）。

A. 局部清查　　　　　　　　　　　B. 全面清查

C. 定期清查　　　　　　　　　　　D. 不定期清查

34. （判断题）单位仅以电子形式保存会计档案的，原则上应从变更为电子形式保存的当日开始执行。（　　　）

35. （判断题）库存现金清查时，填制的"库存现金盘点报告表"，只作为书面记录，不作为原始凭证。（　　　）

刷易错

36. （单选题）行政管理部门的张某到财务部报销差旅费 3 500 元（之前预借 4 000 元），并将剩余现金归还。会计人员应当填制的记账凭证是（　　　）。

A. 转账凭证

B. 现金收款凭证

C. 转账凭证与现金收款凭证

D. 现金付款凭证与现金收款凭证

37. （多选题）下列各项关于会计科目与账户的表述中，正确的有（　　　）。

A. 账户是根据会计科目设置的，用于分类核算会计要素增减变动情况及其结果的载体

B. 会计科目仅仅是账户的名称，不存在结构，而账户有一定的格式和结构

C. 会计科目与账户都可以按其提供信息的详细程度和统驭关系进行分类

D. 会计科目规定的核算内容就是账户应记录反映的经济内容

38. （多选题）下列各项中，需要进行全面清查的有（　　　）。

A. 出纳人员离职　　　　　　　　　B. 企业年终决算

C. 股份制改造前　　　　　　　　　D. 原材料短缺

39. （判断题）一项资源满足资产要素的定义，即可确认为资产。（　　　）

40. （判断题）企业一般只对固定资产的核算采用卡片账的形式。（　　　）

刷通关

41. （单选题）企业确认盘盈固定资产初始入账价值所采用的会计计量属性是（　　　）。

A. 可变现净值　　　　　　　　　　B. 重置成本

C. 现金　　　　　　　　　　　　　　D. 公允价值

42. （单选题）关于试算平衡的下列表述中，不正确的是（　　　）。

A. 全部账户的期初借方余额合计 = 全部账户的期末贷方余额合计

B. 发生额试算平衡的直接依据是借贷记账法的记账规则

C. 试算不平衡，表示记账一定有错误

D. 借贷双方发生额或余额相等，表明账户记录基本正确

43. （单选题）下列关于记账凭证的表述，不正确的是（　　　）。

A. 收款凭证的借方科目只能是"库存现金"或"银行存款"

B. 付款凭证的贷方科目只能是"库存现金"或"银行存款"

C. 收款凭证是出纳人员登记现金日记账或银行存款日记账的依据

D. 转账凭证中也会涉及"库存现金"或"银行存款"科目

44. （单选题）下列各项中，不属于账账核对内容的是（　　　）。

A. 总账与序时账期末余额核对

B. 总账期末余额与其所属明细账期末余额之和核对

C. 明细分类账簿之间的核对

D. 债权债务明细账账面余额与对方单位债权债务账面记录核对

45. （多选题）下列各项中，年末一般无余额的有（　　　）。

A. 应收账款　　　　　　　　　　　　B. 长期应付款

C. 本年利润　　　　　　　　　　　　D. 制造费用

46. （多选题）企业发生的下列业务中，应当编制复合分录的有（　　　）。

A. 将库存现金存入银行账户

B. 采用售价金额法核算以银行存款购入的库存商品（不考虑增值税）

C. 注销溢价回购的股份

D. 将未计提过减值准备的自用办公楼转为以公允价值模式计量的投资性房地产，
　　转换当日公允价值高于账面价值

47. （判断题）可变现净值是当下卖出商品可收到的现金。（　　　）

48. （判断题）不定期清查一定是全面清查。（　　　）

第三章　流动资产

刷基础

49. （单选题）下列各项中，不通过"其他货币资金"科目核算的是（　　）。
   A. 银行汇票存款
   B. 银行承兑汇票
   C. 外埠存款
   D. 银行本票存款

50. （单选题）资产负债表日，企业持有的交易性金融资产的公允价值高于其账面余额的金额，应贷记的会计科目是（　　）。
   A. 交易性金融资产——公允价值变动
   B. 公允价值变动损益
   C. 投资收益
   D. 营业外收入

51. （单选题）企业发生的下列业务中，应通过"应收账款"科目核算的是（　　）。
   A. 代职工垫付的应由其个人承担的医药费
   B. 应收保险公司的赔偿金
   C. 现金短缺中属于应由责任方赔偿的部分
   D. 代购货方垫付的运杂费

52. （单选题）12月1日，甲公司"坏账准备"科目贷方余额为60万元。本月发生坏账损失40万元。12月31日，确定本期预期信用损失为90万元。不考虑其他因素，12月31日应计提的坏账准备金额为（　　）万元。
   A. 40
   B. 70
   C. 90
   D. 0

53. （单选题）甲公司为增值税一般纳税人，7月从乙公司处购入原材料一批，取得对方开具的增值税专用发票上注明的金额为100万元，增值税税额13万元。另以银行存款支付运杂费1万元，入库前挑选整理费3万元。不考虑其他因素，甲公司该批原材料的入账价值为（　　）万元。
   A. 100
   B. 101
   C. 104
   D. 117

54. （单选题）某企业存货发出计价采用月末一次加权平均法。7月1日，原材料期初结存数量为2 400件，单价为2.5万元。7月5日，发出原材料2 000件；7月13日，购进原材料3 600件，单价为2.55万元；7月25日，发出原材料3 500件。不考虑其他因素，该企业7月31日结存原材料的实际成本为（　　）万元。
   A. 1 265
   B. 0
   C. 1 275
   D. 1 272.5

55. （单选题）甲企业随同商品出售且单独计价的包装物进行会计处理时，应将包装物的实际成本转入的会计科目是（　　）。

A. 销售费用　　　　　　　　　　　B. 管理费用

C. 其他业务成本　　　　　　　　　D. 营业外支出

56. （多选题）下列各项中，企业应通过"其他货币资金"科目核算的有（　　　）。

A. 取得银行汇票存入银行的款项

B. 汇往采购地银行开立采购专户的款项

C. 销售货物取得的银行本票款项

D. 存入在证券公司指定银行开立的投资款专户的款项

57. （多选题）企业发生的与交易性金融资产有关的下列业务中，应通过"投资收益"科目核算的有（　　　）。

A. 出售交易性金融资产时支付的转让金融商品增值税

B. 出售交易性金融资产时转出的持有期间累计确认的公允价值变动损益

C. 出售交易性金融资产发生的投资损失

D. 出售交易性金融资产实现的投资收益

58. （多选题）下列业务中，甲公司应通过"其他应收款"科目核算的有（　　　）。

A. 应收乙公司的合同违约金　　　　B. 应收丙保险公司的赔款

C. 为职工垫付的水电费　　　　　　D. 租入包装物支付的押金

59. （多选题）甲企业持有的下列资源中，属于存货的有（　　　）。

A. 验收入库的 M 原材料　　　　　　B. 委托乙公司销售的 W 商品

C. 受托代销的 Z 商品　　　　　　　D. 购入的建造用的工程材料

60. （多选题）下列各项中，应计入存货采购成本的有（　　　）。

A. 运输途中的合理损耗　　　　　　B. 购买存货发生的保险费

C. 存货入库前发生的挑选整理费　　D. 存货采购过程中发生的装卸费

61. （多选题）甲企业在采用实际成本核算其发出存货的成本过程中，可以采用的发出存货成本的计价方法有（　　　）。

A. 个别计价法　　　　　　　　　　B. 后进先出法

C. 月末一次加权平均法　　　　　　D. 移动加权平均法

62. （多选题）下列各项中，关于周转材料会计处理表述正确的有（　　　）。

A. 多次使用的包装物应根据使用次数分次进行摊销

B. 低值易耗品金额较小的可在领用时一次计入成本费用

C. 随同商品销售出借的包装物的摊销额应计入管理费用

D. 随同商品出售单独计价的包装物摊销额应计入其他业务成本

63. （判断题）位于郊区的甲公司因交通不便，向银行申请 13 天的日常零星开支限额。（　　　）

64. （判断题）按现行增值税制度规定，企业转让金融商品，月末如果产生转让收益，应纳税额计入投资收益。（　　　）

65. （判断题）"其他应收款"科目借方登记其他应收款的增加，贷方登记其他应收款的收回，期末余额一般在借方。（　　　）

66. （判断题）某企业采用先进先出法核算发出存货成本，则物价持续上升时，期末时存货成本虽然接近市价，但发出存货成本偏低，会高估利润。（   ）

67. （判断题）分次摊销法适用于可供多次反复使用的低值易耗品。（   ）

68. （判断题）委托加工物资收回后用于连续生产应税消费品的，委托方应将交纳的消费税计入委托加工物资的成本。（   ）

刷提高

69. （单选题）企业收到退回的银行汇票多余款项的会计处理是（   ）。
    A. 借：银行存款　　　　　　　　　B. 借：银行存款
    　　　贷：其他货币资金　　　　　　　　贷：其他应收款
    C. 借：银行存款　　　　　　　　　D. 借：银行存款
    　　　贷：营业外收入　　　　　　　　　贷：应收票据

70. （单选题）企业取得交易性金融资产时，应计入当期损益的是（   ）。
    A. 支付价款中包含的已宣告但尚未发放的现金股利
    B. 支付价款中包含的已到付息期但尚未领取的债券利息
    C. 支付的不含增值税的交易费用
    D. 支付交易费用时取得经税务机关认证的增值税专用发票上注明的增值税税额

71. （单选题）甲公司对原材料采用计划成本法进行核算。2×23 年 12 月初，结存的 M 材料的账面余额为 30 万元，该材料负担的节约差为 2 万元；本期购入 M 材料的实际成本为 110 万元，计划成本为 120 万元，当月发出 M 材料的计划成本为 100 万元。不考虑其他因素，甲公司 2×23 年 12 月发出 M 材料的实际成本为（   ）万元。
    A. 100　　　　　B. 92　　　　　C. 108　　　　　D. 46

72. （单选题）某商场采用毛利率法对商品的发出和结存进行日常核算。10 月，甲类商品期初库存余额为 300 万元。该类商品本月购进为 800 万元，本月销售收入为 1 080 万元，本月销售折让为 80 万元；上月该类商品按扣除销售折让后计算的毛利率为 20%。假定不考虑相关税费，10 月该类商品月末库存成本为（   ）万元。
    A. 300　　　　　B. 200　　　　　C. 800　　　　　D. 100

73. （单选题）12 月 31 日，甲企业 M 商品账面金额 300 万元，由于市场价格下跌，M 产品预计可收回金额为 250 万元，存货跌价准备科目期初余额为零。不考虑其他因素，甲企业 M 商品期末计提的存货跌价准备会计处理正确的是（   ）。
    A. 借：信用减值损失　　　　　　　　　　　　　　50
    　　　贷：存货跌价准备　　　　　　　　　　　　　　　50
    B. 借：管理费用　　　　　　　　　　　　　　　　50
    　　　贷：存货跌价准备　　　　　　　　　　　　　　　50

C. 借：资产减值损失   50

   贷：存货跌价准备   50

D. 借：营业外支出   50

   贷：存货跌价准备   50

74. （多选题）下列各项业务中，应记入"坏账准备"科目贷方的有（　　）。

A. 当期确认的坏账损失   B. 冲回多提的坏账准备

C. 当期应补提的坏账准备   D. 已转销的坏账当期又收回

75. （单选题）2×23 年 7 月 1 日，甲企业（增值税一般纳税人）向乙企业赊销一批商品，不含税的价款为 180 万元，增值税税额为 23.4 万元；同时以银行存款代垫运输费 2 万元，增值税税额为 0.18 万元。上述业务均已开具增值税专用发票，全部款项尚未收到，乙企业收到商品并验收入库，符合收入确认条件。不考虑其他因素，甲企业应收账款的入账金额为（　　）万元。

A. 203.4   B. 205.4   C. 205.58   D. 182

76. （多选题）下列关于企业交易性金融资产会计处理的表述中，正确的有（　　）。

A. 购买交易性金融资产的成本按公允价值入账

B. 取得时产生的交易费用应冲减投资收益

C. 支付的价款中包含的已宣告但尚未发放的现金股利应记入"应收股利"科目

D. 支付的价款中包含的已到付息期但尚未领取的债券利息应记入"应收利息"科目

77. （多选题）甲公司因洪灾造成原材料毁损一批，该批原材料取得时的成本为 20 万元，负担的增值税税额为 2.6 万元。取得保险公司的赔款 10 万元。则下列关于此项业务的会计处理中，表述不正确的有（　　）。

A. 应计入营业外支出 10 万元

B. 应计入营业外支出 12.6 万元

C. 应计入其他应收款 10 万元

D. 应计入应交税费——应交增值税（进项税额转出）2.6 万元

78. （多选题）甲公司为增值税一般纳税人，因地震造成一批原材料毁损，该批原材料的账面余额 100 万元，相关增值税专用发票上注明的增值税税额为 13 万元；根据保险合同约定，应由保险公司赔偿 80 万元。不考虑其他因素，甲公司下列会计处理中，正确的有（　　）。

A. 批准处理前：

  借：待处理财产损溢   100

   贷：原材料   100

B. 批准处理前：

  借：待处理财产损溢   113

   贷：原材料   100

     应交税费——应交增值税（进项税额转出）   13

C. 批准处理后：

```
      借：其他应收款                              80
         营业外支出                               20
         贷：待处理财产损溢                               100
   D. 批准处理后：
      借：其他应收款                              80
         营业外支出                               20
         管理费用                                13
         贷：待处理财产损溢                               113
```

79.（判断题）出售交易性金融资产支付的转让金融商品增值税应记入"投资收益"科目的贷方。（   ）

80.（判断题）商业汇票贴现，需向贴现银行支付的贴现息，应当记入"管理费用"科目。（   ）

81.（判断题）采用计划成本核算的存货，当计入原材料与材料成本差异的金额方向相同时，两者相加即为该存货的实际成本。（   ）

82.（不定项选择题）某企业采用备抵法核算应收账款减值。2×23 年初，"应收账款"科目借方余额为 600 万元，"坏账准备"科目贷方余额为 30 万元。2×23 年度发生与应收账款相关的经济业务如下：

（1）3 月 31 日，甲客户因长期经营不善破产，经批准后，将甲客户所欠货款 5 万元作为坏账转销。

（2）8 月 2 日，收回 2×22 年已作坏账转销的应收乙客户货款 10 万元存入银行。

（3）12 月 31 日，确定应收账款的坏账准备余额为 20 万元。

要求：根据上述资料，不考虑其他因素，分析回答下列小题。

（1）根据资料（1），关于采用备抵法核算应收账款减值的表述正确的是（   ）。

   A. 确认应收账款预期信用减值损失会导致营业利润减少

   B. 对应收账款确认预期信用减值损失符合谨慎性会计信息质量要求

   C. 将无法收回的应收账款作为坏账转销不影响坏账转销时的应收账款账面价值

   D. 已计提的坏账准备在以后期间不得转回

（2）根据资料（1），转销坏账相关会计科目的处理结果正确的是（   ）。

   A. "坏账准备"科目减少 5 万元

   B. "信用减值损失"科目增加 5 万元

   C. "坏账准备"科目增加 5 万元

   D. "应收账款"科目减少 5 万元

（3）根据资料（2），收回已确认并转销的应收账款的会计处理正确的是（   ）。

```
   A. 借：应收账款                              10
         贷：坏账准备                               10
   B. 借：银行存款                              10
         贷：应收账款                               10
```

      C. 借：坏账准备   10

            贷：信用减值损失   10

      D. 借：应收账款   10

            贷：信用减值损失   10

（4）根据期初资料、资料（1）~（3），该企业 12 月 31 日计提坏账准备对"坏账准备"科目的影响表述正确的是（   ）。

    A. 增加 20 万元   B. 冲减 10 万元

    C. 增加 55 万元   D. 冲减 15 万元

（5）根据资料（1）~（3），2×23 年 12 月 31 日，该企业资产负债表中"应收账款"项目期末余额栏应填列的金额是（   ）万元。

    A. 585   B. 575   C. 595   D. 0

83.（不定项选择题）甲公司为增值税一般纳税人，2×23 年发生的有关交易性金融资产业务如下：

（1）1 月 3 日，甲公司向证券公司指定银行开立的投资款专户存入投资款 2 000 万元。同日，甲公司委托证券公司购入乙上市公司股票 100 万股（占乙公司流通股票的比例为 1%，达不到重大影响），支付价款 1 010 万元（其中包含已宣告但尚未发放的现金股利 10 万元），另支付交易费用 2.5 万元，取得的增值税专用发票注明的增值税税额为 0.15 万元。甲公司将该股票投资确认为交易性金融资产。

（2）1 月 16 日，甲公司收到乙上市公司发放的现金股利并存入投资款专户。

（3）3 月 31 日，甲公司持有的乙上市公司股票的公允价值为 1 080 万元。

（4）6 月 30 日，甲公司将其持有的乙上市公司股票 100 万股全部出售，收取价款 1 260 万元；转让该金融商品应交的增值税为 14.15 万元。

已知：甲公司取得的增值税专用发票均已经税务机关认证。

要求： 根据上述资料，不考虑其他因素，分析回答下列小题。

（1）根据资料（1），甲公司购买股票应记入"交易性金融资产——成本"科目的金额是（   ）万元。

    A. 1 012.65   B. 990   C. 1 000   D. 1 002.5

（2）根据资料（1）和资料（2），1 月 16 日甲公司收到乙上市公司发放现金股利的会计处理正确的是（   ）。

    A. 借：银行存款   10

            贷：应收股利   10

    B. 借：其他货币资金——存出投资款   10

            贷：应收股利   10

    C. 借：银行存款   10

            贷：投资收益   10

    D. 借：其他货币资金——存出投资款   10

贷：投资收益   10

(3) 根据资料（1）和资料（3），甲公司 3 月 31 日的会计处理结果正确的是（　　）。

    A. 借记"交易性金融资产——公允价值变动"科目 80 万元

    B. 借记"交易性金融资产——成本"科目 70 万元

    C. 贷记"公允价值变动损益"科目 80 万元

    D. 贷记"投资收益"科目 70 万元

(4) 根据资料（1）~（4），甲公司 6 月 30 日出售乙上市公司股票时的会计处理结果正确的是（　　）。

    A. "应交税费——应交增值税（销项税额）"科目增加 14.15 万元

    B. "交易性金融资产——成本"科目减少 1 000 万元

    C. "投资收益"科目增加 165.85 万元

    D. "其他货币资金——存出投资款"科目增加 1 260 万元

(5) 根据资料（1）~（4），该股票投资对甲公司 2×23 年度营业利润的影响额是（　　）万元。

    A. 243.35   B. 240.2   C. 257.5   D. 165.85

刷易错

84. （单选题）下列各项中，企业现金清查发现的无法查明原因的现金短款，经批准后应借记的会计科目是（　　）。

    A. 营业外支出   B. 其他应收款

    C. 管理费用   D. 财务费用

85. （单选题）某企业因遭遇台风灾害发生原材料盘亏损失，该批原材料的实际成本为 30 000 元，适用的增值税税率为 13%，保险公司按合同约定已确认赔偿 10 000 元。不考虑其他因素，关于该企业原材料盘亏净损失的会计处理结果正确的是（　　）。

    A. 计入营业外支出 20 000 元   B. 计入营业外支出 30 000 元

    C. 计入管理费用 20 000 元   D. 计入其他应付款 10 000 元

86. （多选题）某企业在采用计划成本法核算原材料时，应记入"材料成本差异"科目借方的有（　　）。

    A. 材料采购成本的超支差   B. 材料采购成本的节约差

    C. 发出材料应分摊的超支差   D. 发出材料应分摊的节约差

87. （判断题）甲公司出纳员张某因领导李某出差需要，从出售废品的现金收入中取出 5 000 元作为差旅费预支给李某。（　　）

88. （不定项选择题）A 公司为增值税一般纳税人，原材料按实际成本核算，并采用先进先出法计价。2×23 年 12 月初结存甲材料 1 000 千克，单位成本为 1.2 万元，未计提存货跌价准备，甲材料全部用于生产 M 产品。12 月 A 公司发生与甲材料有关的业务如下：

（1）5 日，购入甲材料 600 千克并验收入库，取得增值税专用发票上注明的价款为 800 万元，增值税税额为 104 万元，并开具银行承兑汇票支付；另以银行存款支付卖方垫付的装卸费 10 万元。

（2）11 日，销售甲材料 300 千克，开具的增值税专用发票上注明的价款为 390 万元，增值税税额为 50.7 万元，材料全部交付，款项尚未收到（该销售业务符合收入确认条件）。

（3）本月共发出甲材料 1 100 千克，按照发出先后顺序，依次为对外销售 300 千克，生产 M 产品领用 600 千克，自营建造厂房领用 200 千克。

（4）31 日，M 产品及甲材料发生跌价，期末库存甲材料预计可变现净值为 650 万元。

要求：根据上述资料，不考虑其他因素，分析回答下列小题。

（1）根据资料（1），A 公司与甲材料有关的会计处理表述正确的是（   ）。

    A. 甲材料的初始入账金额为 810 万元

    B. 甲材料的初始入账金额为 914 万元

    C. 应确认增值税进项税额 104 万元

    D. 应确认应付票据 904 万元

（2）根据资料（2），A 公司销售甲材料会计科目处理正确的是（   ）。

    A. 贷记"应交税费——应交增值税（销项税额）"科目 50.7 万元

    B. 贷记"主营业务收入"科目 390 万元

    C. 借记"应收账款"科目 440.7 万元

    D. 借记"其他应收款"科目 440.7 万元

（3）根据期初资料、资料（1）~（3），下列各项中，A 公司发出甲材料会计处理正确的是（   ）。

    A. 结转对外销售材料成本时：

        借：其他业务成本　　　　　　　　　　　　　　360

          贷：原材料　　　　　　　　　　　　　　　　　　360

    B. 生产 M 产品领用材料时：

        借：生产成本——M 产品　　　　　　　　　　720

          贷：原材料　　　　　　　　　　　　　　　　　　720

    C. 自营建造厂房领用材料时：

        借：在建工程　　　　　　　　　　　　　　　255

          贷：原材料　　　　　　　　　　　　　　　　　　255

    D. 自营建造厂房领用材料时：

        借：在建工程　　　　　　　　　　　　　288.15

          贷：原材料　　　　　　　　　　　　　　　　　　255

            应交税费——应交增值税（进项税额转出）　　33.15

（4）根据期初资料、资料（1）～（4），下列各项中，期末甲材料发生减值会计处理正确的是（　　）。

A. 借记"资产减值损失"科目 25 万元

B. 借记"信用减值损失"科目 20 万元

C. 贷记"存货跌价准备"科目 20 万元

D. 贷记"存货跌价准备"科目 25 万元

（5）根据期初资料、资料（1）～（4），下列各项中，该公司 2×23 年 12 月 31 日库存甲材料的账面价值是（　　）万元。

A. 601.875　　　　B. 650　　　　C. 675　　　　D. 600

刷通关

89.（单选题）某企业为增值税一般纳税人，本期购入一批商品 100 千克，进货价格为 100 万元，增值税进项税额为 13 万元。所购商品到达后验收发现商品短缺 25%，其中合理损失 15%，另 10% 的短缺无法查明原因。不考虑其他因素，该批商品的单位成本为（　　）万元/千克。

A. 1　　　　B. 1.2　　　　C. 1.25　　　　D. 1.4

90.（单选题）甲公司与乙公司为增值税一般纳税人。12 月，甲公司委托乙公司加工应税消费品一批，发出材料成本 400 万元，支付加工费 20 万元；另以银行存款支付增值税 2.6 万元（可抵扣），由受托方代收代缴的消费税为 8 万元，甲公司收回后继续生产应税消费品。不考虑其他因素，甲公司该批委托加工物资的入账金额为（　　）万元。

A. 420　　　　B. 428　　　　C. 422.6　　　　D. 430.6

91.（单选题）甲公司 M 商品采用售价金额核算法进行核算。2×23 年 12 月，期初库存商品的进价成本总额为 200 万元，售价总额为 220 万元；本月购进 M 商品的进价成本总额为 150 万元，售价总额为 180 万元；本月实现销售收入总额为 240 万元。不考虑其他因素，2×23 年 12 月 31 日该公司结存商品的实际成本总额为（　　）万元。

A. 110　　　　B. 180　　　　C. 160　　　　D. 140

92.（单选题）2×23 年 6 月 1 日，某企业购入一批 M 商品，初始入账成本为 300 万元。企业每年分别在 6 月 30 日和 12 月 31 日对存货各进行一次减值测试。6 月 30 日，该批 M 商品的可变现净值为 280 万元；下半年市场行情好转，12 月 31 日，该批 M 商品可变现净值为 310 万元。不考虑其他因素，下列各项中，该企业 12 月 31 日有关 M 商品计提存货跌价准备的会计处理表述正确的是（　　）。

A. 计提存货跌价准备 10 万元

B. 计提存货跌价准备 20 万元

C. 转回存货跌价准备 20 万元

D. 转回存货跌价准备 30 万元

93. （多选题）下列各项中，关于存货毁损报经批准后的会计科目处理表述正确的有（   ）。

A. 属于一般经营损失的部分，记入"营业外支出"科目

B. 属于过失人赔偿的部分，记入"其他应收款"科目

C. 入库的残料价值，记入"原材料"科目

D. 属于非常损失的部分，记入"管理费用"科目

94. （判断题）企业发现未查明原因的现金溢余，按管理权限报经批准后应冲减财务费用。（   ）

95. （判断题）企业采用计划成本核算原材料，平时收到原材料时应按实际成本借记"材料采购"科目，领用或发出原材料时应按计划成本贷记"原材料"科目，期末再将发出材料和期末结存材料调整为实际成本。（   ）

96. （判断题）月末，企业应将已验收入库但尚未收到发票且尚未支付款项的存货，依照合同协议上的价格作暂估入库。（   ）

97. （不定项选择题）甲公司为增值税一般纳税人，存货按实际成本进行日常核算，2×23 年 12 月初"应收账款"科目借方余额 800 000 元（各明细科目无贷方余额），"应收票据"科目借方余额 300 000 元，"坏账准备——应收账款"科目贷方余额 80 000 元。

2×23 年 12 月甲公司发生如下经济业务：

（1）10 日，采用委托收款方式向乙公司销售一批商品，发出的商品满足收入确认条件，开具的增值税专用发票上注明价款为 500 000 元，增值税税额为 65 000 元，用银行存款为乙公司垫付运费 40 000 元，上述全部款项至月末尚未收到。

（2）18 日，购入一批原材料，取得并经税务机关认证的增值税专用发票上注明的价款为 270 000 元，增值税税额为 35 100 元，材料验收入库，甲公司背书转让面值 300 000 元，不带息银行承兑汇票结算购料款，不足部分以银行存款补付。

（3）25 日，因丙公司破产，应收丙公司账款 40 000 元不能收回，经批准确认为坏账并予以核销。

（4）31 日，经评估计算，甲公司"坏账准备——应收账款"科目应有贷方余额为 102 400 元。

要求：根据上述资料，不考虑其他因素，分析回答下列小题。

（1）根据资料（1），下列各项中，甲公司销售商品确认的应收账款为（   ）元。

A. 500 000   B. 605 000   C. 540 000   D. 565 000

（2）根据资料（2），下列各项中，甲公司采购材料相关会计科目处理正确的是（   ）。

A. 贷记"银行存款"5 100 元   B. 贷记"应收票据"300 000 元

C. 贷记"应收票据"305 100 元   D. 借记"原材料"270 000 元

（3）根据资料（3），下列各项中，甲公司核销坏账的会计处理正确的是（   ）。

  A. 借：信用减值损失——计提的坏账准备　　　　　　40 000
    贷：应收账款——丙公司　　　　　　　　　　　　　　　40 000
  B. 借：坏账准备——应收账款　　　　　　　　　　　40 000
    贷：信用减值损失——计提的坏账准备　　　　　　　　40 000
  C. 借：信用减值损失——计提的坏账准备　　　　　　40 000
    贷：坏账准备——应收账款　　　　　　　　　　　　　　40 000
  D. 借：坏账准备——应收账款　　　　　　　　　　　40 000
    贷：应收账款——丙公司　　　　　　　　　　　　　　　40 000

（4）根据期初资料、资料（1）~（4），下列各项中，甲公司 12 月末坏账准备会计处理正确的是（　　）。

  A. 计提坏账准备前，"坏账准备"科目为贷方余额 80 000 元

  B. 本年年末应计提坏账准备金额 42 400 元

  C. 计提坏账准备前，"坏账准备"科目为贷方余额 40 000 元

  D. 本年年末应计提坏账准备的金额为 102 400 元

（5）根据期初资料、资料（1）~（4），下对各项中，12 月 31 日甲公司资产负债表"应收账款"项目期末余额应列示的金额是（　　）元。

  A. 1 408 600　　　　B. 1 306 200　　　　C. 1 262 600　　　　D. 1 328 600

98.（不定项选择题）A 公司与 B 公司为同一企业的两家子公司，均为增值税一般纳税人，适用的增值税税率为 13%。原材料按计划成本核算，库存商品采用售价金额核算法核算与管理。所有存货均未计提存货跌价准备。2×23 年 10 月初，"原材料"科目借方余额 200 万元，"材料成本差异"科目贷方余额 10 万元。甲企业 2×23 年 10 月发生如下业务：

（1）8 日，A 公司从乙公司处购入原材料一批，取得的增值税专用发票注明的金额 290 万元，增值税税额 37.7 万元。计划成本为 300 万元，材料已验收入库。

（2）11 日，B 公司从丙公司处购入 N 商品一批，取得的增值税专用发票注明的金额 100 万元，增值税税额 13 万元，售价总额 110 万元。

（3）19 日，B 公司从丁公司处购入 N 商品一批，取得的增值税专用发票注明的金额 75 万元，增值税税额 9.75 万元，售价总额 90 万元。

（4）25 日，A 公司生产领用原材料 400 万元。

（5）28 日，A 公司购进原材料一批，材料已经验收入库，发票账单未到，款项尚未结算。

（6）31 日，B 公司当月销售 N 商品实现不含税收入 120 万元。

（7）31 日，A 公司未收到发票账单，该批材料暂估价值 75 万元，计划成本 80 万元。

其他：上述款项均以银行存款结算。

要求：根据上述资料，不考虑其他因素，分析回答下列小题。

（1）根据期初资料和资料（1），下列各项中，A 公司的会计处理正确的是（　　）。

  A. 借记"原材料"科目 300 万元

B. "材料成本差异"科目贷方余额为20万元

C. 材料成本差异率为－4%

D. 原材料的实际成本为480万元

(2) 根据资料（2），下列各项中，B公司购入N商品的会计处理正确的是（   ）。

  A. 借：库存商品　　　　　　　　　　　　　　　100

      应交税费——应交增值税（进项税额）　　13

        贷：银行存款　　　　　　　　　　　　　　113

  B. 借：库存商品　　　　　　　　　　　　　　　110

      应交税费——应交增值税（进项税额）　　13

        贷：银行存款　　　　　　　　　　　　　　123

  C. 借：库存商品　　　　　　　　　　　　　　　100

      应交税费——应交增值税（进项税额）　　13

      商品进销差价　　　　　　　　　　　　　10

        贷：银行存款　　　　　　　　　　　　　　123

  D. 借：库存商品　　　　　　　　　　　　　　　110

      应交税费——应交增值税（进项税额）　　13

        贷：银行存款　　　　　　　　　　　　　　113

        商品进销差价　　　　　　　　　　　　　10

(3) 根据资料（2）、资料（3）和资料（6），下列各项中，B公司的会计处理正确的是（   ）。

A. N商品进销差价率为12.5%

B. 销售N商品应分摊的商品进销差价为15万元

C. 本期销售N商品的实际成本为105万元

D. 借记"商品进销差价"15万元

(4) 根据资料（4），下列各项中，A公司领用原材料的会计处理正确的是（   ）。

A. "生产成本"科目借方增加400万元

B. "原材料"科目贷方增加400万元

C. 领用原材料负担的材料成本差异额为16万元

D. 结存原材料的实际成本为100万元

(5) 根据资料（5）和资料（7），下列各项中，A公司会计处理正确的是（   ）。

A. 2×23年10月28日，A公司收到材料：

不作账务处理

B. 2×23年10月28日，A公司收到材料：

借：材料采购　　　　　　　　　　　　　　75

  贷：应付账款——暂估应付款　　　　　　　75

C. 2×23 年 10 月 31 日，A 公司未收到发票：
   不作账务处理

D. 2×23 年 10 月 31 日，A 公司未收到发票：

借：原材料   80

  贷：材料采购——暂估应付款   80

第四章　非流动资产

刷基础

99. （单选题）采用权益法对长期股权投资进行后续计量时，被投资单位发生亏损，应借记的会计科目是（　　）。

A. 长期股权投资——损益调整　　　　B. 投资收益

C. 营业外支出　　　　　　　　　　D. 管理费用

100. （单选题）甲公司与乙公司为同一母公司最终控制下的两家公司。2×23年7月1日，甲公司向母公司投资1 000万股普通股（每股面值为1元，公允价值为5元）和一台大型生产设备（账面原值为1 500万元，累计折旧为700万元，公允价值为1 000万元），取得乙公司80%的股权，并能够实施控制。合并后乙公司仍维持其独立法人地位继续经营。当日，乙公司报表中净资产的账面价值为10 000万元，在母公司合并报表中净资产的账面价值为8 000万元。不考虑其他因素，甲公司该长期股权投资的账面价值为（　　）万元。

A. 8 000　　　　B. 6 400　　　　C. 6 000　　　　D. 5 800

101. （单选题）甲公司与乙公司为非同一控制下的两家独立公司。2×23年4月1日，甲公司以一条账面价值为7 500万元（账面原值9 000万元，累计折旧1 500万元）的生产设备对乙公司投资，取得乙公司60%的股权。当日，该生产线的公允价值为8 000万元；乙公司可辨认净资产公允价值为15 000万元；甲公司另以银行存款支付评估费用160万元。不考虑其他因素，甲公司该长期股权投资的初始投资成本为（　　）万元。

A. 7 500　　　　B. 8 000　　　　C. 8 160　　　　D. 9 000

102. （单选题）下列各项中，不影响权益法下长期股权投资账面价值的是（　　）。

A. 被投资单位实现净利润

B. 被投资单位资本公积变动

C. 被投资单位持有的其他债权投资发生变动

D. 被投资单位发放股票股利

103. （单选题）下列关于企业将自用房产转为以公允价值模式计量的投资性房地产的会计处理表述中，正确的是（　　）。

A. 该项投资性房地产应当按照转换日的账面价值计量

B. 转换日公允价值小于原账面价值的金额，计入其他综合收益

    C. 转换日公允价值高于原账面价值的金额，计入公允价值变动损益

    D. 处置时，原计入其他综合收益的部分应当冲减其他业务成本

104. （单选题）关于投资性房地产后续计量表述正确的是（　　）。

    A. 采用公允价值模式计量的，应计提折旧或摊销

    B. 采用成本模式计量的，应计提折旧或摊销

    C. 同一企业可以同时采用公允价值模式和成本模式进行核算

    D. 采用公允价值模式计量的，需要计提减值准备

105. （单选题）2×23 年 8 月 1 日，甲公司董事会作出书面决议，将一栋位于市中心闲置的办公楼用于经营出租且持有意图短期内不再改变。2×23 年 9 月 1 日，甲公司与乙公司签订一份租赁合同，租赁期限为 5 年，免租期 3 个月，每月月末支付租金 100 万元。不考虑其他因素，甲公司投资性房地产的确认时点是（　　）。

    A. 2×23 年 8 月 1 日   B. 2×23 年 9 月 1 日

    C. 2×23 年 12 月 1 日   D. 2×23 年 12 月 31 日

106. （单选题）甲公司为增值税一般纳税人，以银行存款购入不需要安装的生产设备一台，取得的增值税专用发票注明的买价为 50 万元，增值税税额为 6.5 万元。另以银行存款支付运杂费 1 万元，包装费 0.5 万元，上述金额均不含税。不考虑其他因素，甲公司该生产设备的入账价值为（　　）万元。

    A. 50   B. 51   C. 51.5   D. 58

107. （单选题）某企业为增值税一般纳税人，适用的增值税税率为 13%。2×23 年 5 月，自营建造办公楼一栋，领用外购原材料一批，对应的增值税专用发票注明的买价为 20 万元。不考虑其他因素，该企业建造办公楼领用外购原材料的下列会计处理正确的是（　　）。

    A. 借：在建工程   20

          贷：原材料   20

    B. 借：在建工程   20

          贷：工程物资   20

    C. 借：在建工程   22.6

          贷：原材料   20

              应交税费——应交增值税（进项税额转出）   2.6

    D. 借：在建工程   22.6

          贷：主营业务收入   20

              应交税费——应交增值税（销项税额）   2.6

108. （单选题）下列关于双倍余额递减法计提固定资产折旧的表述中，不正确的是（　　）。

    A. 年折旧额逐年递减，但最后两年折旧额相等

    B. 属于加速计提折旧法

    C. 双倍余额递减法计提折旧总额大于年限平均法计提的折旧总额

    D. 加速计提折旧期间不考虑预计净残值

109. （单选题）下列关于固定资产处置的会计处理中，正确的是（　　）。

    A. 固定资产清理过程中支付的清理费用，应通过"管理费用"科目核算

    B. 应由过失人赔偿的损失，应通过"其他应收款"科目核算

    C. 出售因自然灾害毁损的固定资产产生的利得，应通过"资产处置损益"科目核算

    D. 转让固定资产产生的损失，应通过"营业外支出"科目核算

110. （多选题）下列各项中，其后续计量应当采用权益法核算的有（　　）。

    A. 对子公司的投资　　　　　　　　B. 对联营企业的投资

    C. 对其他权益工具的投资　　　　　D. 对合营企业的投资

111. （多选题）某企业持有的下列房地产中，属于投资性房地产的有（　　）。

    A. 企业通过出让方式取得并以经营租赁方式出租的土地使用权

    B. 企业通过转让方式取得，但按照国家有关规定认定的闲置土地

    C. 企业拥有产权并以经营租赁方式出租的房屋

    D. 企业以经营租赁方式租入建筑物再转租的建筑物

112. （多选题）下列各项中，属于影响固定资产折旧主要因素的有（　　）。

    A. 固定资产原价　　　　　　　　　B. 预计净残值

    C. 固定资产减值准备　　　　　　　D. 固定资产使用寿命

113. （多选题）下列固定资产中，企业应当计提折旧的有（　　）。

    A. 已提足折旧但仍在继续使用的生产线

    B. 闲置的办公楼

    C. 已达预定可使用状态但未办理竣工结算的仓库

    D. 单独计价入账的土地

114. （多选题）下列各项中，应通过"固定资产清理"科目核算的有（　　）。

    A. 处置因交通事故毁损的运输车辆　　B. 盘亏办公设备

    C. 报废技术落后的生产设备　　　　　D. 盘盈办公设备

115. （判断题）无形资产发生的减值，在以后期间可以转回。（　　）

116. （判断题）采用权益法核算的长期股权投资的初始投资成本高于其享有的可辨认净资产公允价值的差额，应计入投资收益。（　　）

117. （判断题）某企业董事会作出书面决议明确将其持有的空置建筑物对外经营租出，且短期内不再发生变化，则董事会作出书面决议的当日即为投资性房地产的确认时点。（　　）

118. （判断题）固定资产使用寿命、预计净残值和折旧方法的改变应当作为会计政策变更进行会计处理。（　　）

119. （判断题）年数总和法的年折旧率逐年降低，折旧额逐年减少，但逐年降低的幅度较双倍余额递减法有所减缓。（　　）

刷提高

120. （单选题）某企业在资产清查中盘亏生产设备一台，原价 10 万元，已计提折旧 4 万元，购入时增值税税额 1.3 万元。不考虑其他因素，该企业盘亏固定资产的下列会计处理中，正确的是（　　）。

A. 盘亏生产设备时：
　　借：营业外支出　　　　　　　　　　　　　　　　6
　　　　累计折旧　　　　　　　　　　　　　　　　　4
　　　　贷：固定资产　　　　　　　　　　　　　　　　　　10

B. 转出不可抵扣的增值税：
　　借：待处理财产损溢　　　　　　　　　　　　　　1.3
　　　　贷：应交税费——应交增值税（进项税额转出）　　　1.3

C. 报经批准转销时：
　　借：资产处置损益　　　　　　　　　　　　　　　7.3
　　　　贷：营业外支出　　　　　　　　　　　　　　　　　7.3

D. 盘亏生产设备时：
　　借：待处理财产损溢　　　　　　　　　　　　　　6
　　　　累计折旧　　　　　　　　　　　　　　　　　4
　　　　贷：固定资产　　　　　　　　　　　　　　　　　　10

121. （单选题）2×23 年 9 月 1 日，甲公司以银行存款 3 600 万元和一项专利技术取得乙公司 25% 有表决权的股份，能够对乙公司施加重大影响。该专利技术账面原值为 2 300 万元，累计摊销为 1 300 万元，市场价值为 1 400 万元。当日，乙公司可辨认净资产的公允价值为 16 000 万元。不考虑其他因素，甲公司下列会计处理正确的是（　　）。

A. 长期股权投资的初始投资成本为 4 000 万元
B. 长期股权投资的初始入账价值为 5 000 万元
C. 专利技术应当按照账面价值 1 000 万元计量
D. 2×23 年 9 月利润表中 "营业利润" 的影响金额为 1 200 万元

122. （单选题）某企业为增值税一般纳税人。2×23 年 7 月 1 日，购入一项专利，取得增值税专用发票注明的金额 150 万元，增值税税额 9 万元；为使该专利权达到预计用途支付专业服务费 10 万元，增值税税额 0.6 万元（已取得增值税专用发票）。不考虑其他因素，该企业购入的专利权的入账价值为（　　）万元。

A. 150　　　　　　B. 159　　　　　　C. 160　　　　　　D. 169.6

123. （单选题）下列各项中，关于无形资产摊销与减值的会计处理正确的是（　　）。

A. 使用寿命不确定的无形资产应按照税法规定的年限进行摊销
B. 使用寿命有限的无形资产，其残值通常为零

C. 使用寿命确定的无形资产至少每年进行一次减值测试

D. 使用寿命不确定的无形资产应当在其出现减值迹象时，进行减值测试

124. （单选题）某企业处置一项投资性房地产，收取价款 4 000 万元，该投资性房地产原价为 8 000 万元，已计提折旧 5 000 万元。不考虑其他因素，下列关于该企业处置投资性房地产的会计处理结果表述正确的是（   ）。

A. 影响营业外支出 3 000 万元

B. 影响投资收益 1 000 万元

C. 影响资产处置收益 1 000 万元

D. 增加营业收入 4 000 万元

125. （单选题）甲公司和乙公司为同一母公司最终控制下的两家公司。甲公司支付现金 5 200 万元取得乙公司 100% 的股权，并于当日对乙公司实施控制。合并日，甲公司的资本公积为 300 万元，母公司合并报表中乙公司的净资产账面价值为 5 000 万元。不考虑其他因素，甲公司合并日的会计处理正确的是（   ）。

A. 借：长期股权投资   5 000

       营业外支出   200

          贷：银行存款   5 200

B. 借：长期股权投资   5 000

       投资收益   200

          贷：银行存款   5 200

C. 借：长期股权投资   5 000

       资本公积   200

          贷：银行存款   5 200

D. 借：长期股权投资   5 200

          贷：银行存款   5 200

126. （多选题）企业下列固定资产发生的增减变动，应通过"固定资产清理"科目核算的有（   ）。

A. 出售老旧生产设备

B. 盘亏行政管理用的办公设备

C. 盘盈销售机构装卸设备

D. 报废交通事故的运输车辆

127. （多选题）下列关于长期股权投资的会计处理中，正确的有（   ）。

A. 非同一控制下企业合并中，投资方以发行权益工具取得的长期股权投资，应按发行普通股的市场公允价值作为其初始投资成本

B. 以非企业合并方式形成的长期股权投资，其后续计量应当采用权益法

C. 成本法下，被投资方发生超额亏损，投资方应当依次冲减"长期股权投资""长期应收款""预计负债"，不足分摊损失部分，应在账外备查登记

D. 权益法下，投资方按比例确认的被投资单位宣告发放现金股利，贷记"投资收益"科目

128. （多选题）下列关于购入土地使用权的会计处理中，正确的有（   ）。

A. 用于出租赚取租金的，借记"投资性房地产"科目

B. 非房地产企业用于建造自用厂房的，借记"无形资产"科目

C. 房地产企业用于建造商品房的，借记"开发成本"科目

D. 房地产企业用于建造自用办公楼的，借记"无形资产"科目

129. （多选题）下列属于无形资产核算内容的有（　　）。

A. 企业内部自创商誉

B. 接受投资者投入的土地使用权

C. 自行开发并按法律程序申请的专利

D. 企业自创的、未注册的商标

130. （判断题）企业固定资产减值损失一经确认，在以后会计期间不得转回。（　　）

131. （判断题）无法可靠区分研究阶段的支出和开发阶段的支出，应将发生的研发支出全部费用化，计入当期损益。（　　）

132. （判断题）企业通常应按照与无形资产有关的经济利益的预期实现方式选择摊销方法，如果无法可靠确定预期实现方式的，应当按照工作量法摊销。（　　）

133. （判断题）企业对按公允价值模式进行后续计量的投资性房地产计提的折旧，计入当期损益。（　　）

134. （判断题）增值税小规模纳税人购买固定资产发生的增值税进项税额应计入固定资产成本。（　　）

135. （判断题）以租赁方式租入的使用权资产发生的改良支出，应借记"使用权资产"科目。（　　）

刷易错

136. （单选题）2×22 年 8 月 15 日，甲公司（为增值税一般纳税人）购入一台需要安装的环保设备，取得的增值税专用发票注明的金额为 560 万元，增值税税额为 72.8 万元；安装过程中，领用自产产品 30 万元，以银行存款支付安装人员工资 10 万元。2×22 年 9 月 30 日，该环保设备达到预定可使用状态，预计净残值率为 3%，预计使用年限 5 年，采用双倍余额递减法计提折旧。不考虑其他因素，甲公司 2×23 年该环保设备应计提的折旧额为（　　）万元。

A. 208　　　　　　　B. 216　　　　　　　C. 201.76　　　　　　　D. 209.52

137. （单选题）下列各项中，属于企业投资性房地产的是（　　）。

A. 用于出售的楼盘　　　　　　　　　B. 用于自建厂房的土地使用权

C. 拥有并自行经营的旅馆　　　　　　D. 已出租的办公楼

138. （单选题）某企业处置一项以公允价值模式计量的投资性房地产，实际收到价款 70 万元。该投资性房地产的账面余额为 60 万元，其中成本为 45 万元，公允价值变动为 15 万元。不考虑其他因素，企业处置该投资性房地产使其营业利润增加的金额为（　　）万元。

A. 10　　　　　　　B. 70　　　　　　　C. 15　　　　　　　D. 25

139. （多选题）下列各项中，企业在财产清查中盘亏固定资产的会计处理正确的有（　　）。

A. 盘亏固定资产的账面价值通过"以前年度损益调整"科目核算

B. 盘亏固定资产的账面价值通过"待处理财产损溢"科目核算

C. 盘亏固定资产净损失计入营业外支出

D. 盘亏固定资产应作为重要的前期差错

140. （多选题）甲公司为制造业企业，与乙公司签订为期10年的租赁合同，将自有的一栋写字楼租赁给乙公司，每年年末收取租金，每月按年限平均法计提折旧。不考虑其他因素，下列各项中，关于甲公司的会计处理表述正确的有（　　）。

A. 租金收入确认为主营业务收入

B. 租金收入确认为其他业务收入

C. 出租的写字楼应确认为投资性房地产

D. 每月计提的折旧额确认为其他业务成本

刷通关

141. （多选题）下列各项中，关于制造业企业计提无形资产摊销的会计处理正确的有（　　）。

A. 专门用于生产产品的无形资产（其所包含的经济利益通过产品实现）的摊销额计入产品成本

B. 行政管理部门使用的无形资产，其摊销额计入管理费用

C. 出租的无形资产，其摊销额计入营业外支出

D. 财务部门使用的无形资产，其摊销额计入财务费用

142. （判断题）采用公允价值模式计量的投资性房地产不应计提折旧或摊销，企业应当以资产负债表日投资性房地产的公允价值为基础调整其账面价值，并将当期公允价值变动金额计入当期损益。（　　）

143. （不定项选择题）甲公司与乙公司、丙公司为非同一控制下的三家独立公司。2×22～2×23年，甲公司股权投资相关业务如下：

（1）2×22年1月10日，甲公司以银行存款230万元取得乙公司25%的有表决权股份，乙公司成为其联营企业。当日，乙公司的可辨认净资产公允价值为1 000万元，与账面价值相符。

（2）2×22年6月30日，甲公司以其拥有的无形资产对丙公司投资，取得丙公司60%的股权，且能够对丙公司实施控制。该无形资产原值为900万元，已计提累计摊销100万元、计提减值准备60万元，投资日该无形资产的公允价值为750万元。当日，丙公司的可辨认净资产公允价值为1 000万元。

（3）2×22年度乙公司实现净利润100万元，丙公司实现净利润200万元。

（4）2×23 年 3 月 10 日，乙公司宣告分派现金股利 80 万元。3 月 20 日，甲公司收到乙公司发放的现金股利并存入银行。

要求： 根据上述资料，不考虑相关税费及其他因素，分析回答下列小题。（答案中的金额单位用万元表示）

（1）根据期初资料和资料（1），下列各项中，关于甲公司对乙公司股权投资会计处理正确的是（   ）。

  A 借：长期股权投资——乙公司——投资成本 250

    贷：银行存款   230

      投资收益   20

  B. 借：长期股权投资——乙公司——投资成本 250

    贷：银行存款   230

      其他综合收益   20

  C. 借：长期股权投资——乙公司——投资成本 230

    贷：银行存款   230

  D. 借：长期股权投资——乙公司——投资成本 20

    贷：营业外收入   20

（2）根据期初资料和资料（2），下列各项中，甲公司以无形资产对丙公司投资的会计处理表述正确的是（   ）。

  A. 借记"累计摊销"科目 100 万元

  B. 借记"长期股权投资"科目 600 万元

  C. 贷记"无形资产"科目 900 万元

  D. 借记"长期股权投资"科目 750 万元

（3）根据期初资料、资料（1）~（3），下列各项中，2×22 年 12 月 31 日甲公司确认投资收益会计处理正确的是（   ）。

  A. 借：长期股权投资——乙公司——损益调整 25

    贷：投资收益   25

  B. 借：长期股权投资——乙公司——损益调整 100

    贷：投资收益   100

  C. 借：长期股权投资——丙公司——损益调整 120

    贷：投资收益   120

  D 借：长期股权投资——丙公司——损益调整 200

    贷：投资收益   200

（4）根据期初资料、资料（1）和资料（4），下列各项中，甲公司确认应收股利和收取现金股利会计处理表述正确的是（   ）。

  A. 3 月 10 日，借记"应收股利"科目 20 万元

  B. 3 月 20 日，借记"银行存款"科目 20 万元

  C. 3 月 20 日，贷记"应收股利"科目 20 万元

D. 3 月 10 日，贷记"投资收益"科目 20 万元

(5) 根据期初资料、资料（1）~（4），下列各项中，甲公司 2×23 年 3 月 31 日资产负债表中"长期股权投资"项目"期末余额"栏的填列金额是（　　）万元。

  A. 975　　　　B. 995　　　　C. 1 005　　　　D. 985

144. （不定项选择题）甲公司 2×23 年度进行了如下投资：

(1) 甲公司和 A 公司为同一母公司最终控制下的两家公司。1 月 1 日，甲公司向其母公司支付现金 500 万元，取得母公司拥有 A 公司 100% 的股权，于当日起能够对 A 公司实施控制。合并日 A 公司的净资产账面价值 450 万元，合并后 A 公司仍维持其独立法人地位继续经营，甲公司、A 公司在合并前采用的会计政策相同。

(2) 2 月 10 日，委托证券公司从二级市场购入 B 公司股票 400 万股，支付价款 1 224 万元（含已宣告但尚未发放的现金股利 24 万元），另支付相关交易费用 8 万元。甲公司取得 B 公司股票后，将其作为交易性金融资产核算。2 月 18 日，收到价款中包含的现金股利 24 万元。

(3) 7 月 1 日，购入 C 公司股票 580 万股，支付价款 4 600 万元，每股价格中包含已宣告但尚未发放的现金股利 0.25 元，占 C 公司有表决权股份的 25%，对 C 公司的财务和经营决策具有重大影响，甲公司将其作为长期股权投资核算。

  同日 C 公司净资产的账面价值（与其公允价值不存在差异）为 18 000 万元。2×23 年 7 月 1 日至 12 月 31 日，C 公司实现净利润 600 万元，发放现金股利 400 万元。

(4) 12 月 31 日，甲公司将持有的 C 公司股票出售，取得价款 5 000 万元。

要求： 根据上述资料，不考虑其他相关因素，分析回答下列小题。

(1) 根据资料（1），有关甲公司的账务处理正确的是（　　）。

  A. 借记"长期股权投资"科目 450 万元

  B. 借记"长期股权投资"科目 500 万元

  C. 借记"资本公积——股本溢价"科目 50 万元

  D. 贷记"资本公积——股本溢价"科目 50 万元

(2) 根据资料（2），交易性金融资产入账价值为（　　）万元。

  A. 1 224　　　　B. 1 200　　　　C. 1 208　　　　D. 1 232

(3) 根据资料（3），针对 C 公司长期股权投资说法正确的是（　　）。

  A. 长期股权投资入账价值为 4 500 万元

  B. 应确认投资收益 180 万元

  C. 应确认其他综合收益 100 万元

  D. 12 月 31 日账面价值 4 712 万元

(4) 根据资料（3），甲公司持有 C 公司长期股权投资账务处理正确的是（　　）。

  A. 长期股权投资账面价值增加 50 万元

B. 应确认投资收益金额为 150 万元

C. 应确认应收股利金额为 100 万元

D. 应确认营业外收入 100 万元

（5）根据资料（4），出售 C 公司长期股权投资应确认的投资收益为（　　）万元。

A. 400　　　　　　B. 450　　　　　　C. 300　　　　　　D. 280

145.（不定项选择题）2×23 年度甲公司发生如下交易或事项：

（1）1 月 3 日，甲公司出售某办公楼，收取款项 2 900 万元并存入银行。已知，该办公楼原价为 4 500 万元，预计使用年限 20 年，预计净残值率为 4%，采用年限平均法计提折旧；出售时已计提折旧 10 年，未计提减值准备。

（2）7 月 1 日，甲公司董事会决议将位于 M 市的长期闲置的办公楼对外经营租出，并转作投资性房地产（采用公允价值模式计量），转换日，该房屋的市场价值为 750 万元，原价为 1 500 万元，已计提折旧为 960 万元。

（3）8 月 2 日，对厂房进行更新改造。该厂房原值为 500 万元，累计折旧为 200 万元，改造过程中发生符合资本化条件的支出 120 万元。工程项目于 10 月 20 日完工，达到预定可使用状态。

（4）12 月 31 日，经减值测试，应计提固定资产减值准备 920 万元。

要求：根据上述资料，不考虑其他因素，分析回答下列小题。

（1）根据资料（1），下列各项中，与办公楼折旧相关的表述正确的是（　　）。

A. 年折旧率为 4.8%

B. 预计净残值为 90 万元

C. 每期计提的折旧额为 225 万元

D. 每期计提的折旧额，应借记"管理费用"科目

（2）根据资料（1），下列各项中，甲公司出售该办公楼会计处理正确的是（　　）。

A. 将出售办公楼转入清理时：

借：固定资产清理　　　　　　　　　　　　　　2 340

　　累计折旧　　　　　　　　　　　　　　　　2 160

　　　贷：固定资产　　　　　　　　　　　　　　　　　4 500

B. 收到出售办公楼价款时：

借：银行存款　　　　　　　　　　　　　　　　2 900

　　　贷：固定资产清理　　　　　　　　　　　　　　　2 900

C. 结转清理净损益时：

借：固定资产清理　　　　　　　　　　　　　　560

　　　贷：营业外收入　　　　　　　　　　　　　　　　560

D. 结转清理净损益时：

借：固定资产清理　　　　　　　　　　　　　　560

　　　贷：资产处置损益　　　　　　　　　　　　　　　560

（3）根据资料（2），下列各项中，甲公司出租位于 M 市的长期闲置的办公楼的会计处理正确的是（　　）。

  A. 借：投资性房地产——成本   750

      累计折旧   960

      贷：固定资产   1 500

        其他综合收益   210

  B. 借：投资性房地产——成本   540

      贷：固定资产清理   540

  C. 借：投资性房地产   540

      累计折旧   960

      贷：固定资产   1 500

  D. 借：固定资产清理   750

      累计折旧   960

      贷：固定资产   1 500

        公允价值变动损益   210

（4）根据资料（3），下列各项中，甲公司更新改造厂房达到预定可使用状态的入账价值是（　　）万元。

  A. 420   B. 300   C. 120   D. 620

（5）根据资料（4），2×23 年 12 月 31 日甲公司计提固定资产减值准备会计处理正确的是（　　）。

  A. 借：制造费用   920

      贷：固定资产减值准备   920

  B. 借：管理费用   920

      贷：固定资产减值准备   920

  C. 借：营业外支出   920

      贷：固定资产减值准备   920

  D. 借：资产减值损失   920

      贷：固定资产减值准备   920

146.（不定项选择题） 企业为增值税一般纳税人，2×23 年发生固定资产相关业务如下：

（1）2 月 28 日，购入一台不需要安装的 M 设备，支付设备价款 122 万元，增值税税额为 15.86 万元。另支付设备运输费 3 万元，增值税税额为 0.27 万元，已取得购入设备及运输费的增值税专用发票，全部款项以银行存款支付。当日，M 设备交由行政管理部门使用，预计使用寿命为 10 年，预计净残值率为 4%，采用年限平均法计提折旧。

（2）10 月 5 日，对 M 设备进行日常修理，从仓库领用维修材料 0.5 万元，另支付修理费 2 万元，增值税专用发票上注明的增值税税额为 0.26 万元，全部款项以银行存款支付。

(3) 12 月 15 日，M 设备因自然灾害发生毁损，清理过程中取得报废残值变价收入 9 万元，增值税专用发票上注明的增值税税额为 1.17 万元，全部款项已收到并存入银行，M 设备未发生资产减值。12 月 31 日，结转 M 设备的清理净损益。

要求： 根据上述资料，不考虑其他因素，分析回答下列小题。

(1) 根据资料（1），M 设备的入账价值是（　　）万元。

    A. 137.86   B. 122   C. 125   D. 141.13

(2) 根据资料（1），下列各项中，M 设备计提折旧的会计处理表述正确的是（　　）。

    A. 月折旧额为 1 万元

    B. 预计净残值为 4.88 万元

    C. 年折旧率为 9.6%

    D. 计提的折旧额应计入管理费用

(3) 根据资料（2），下列各项中，M 设备日常维修的会计处理正确的是（　　）。

    A. 支付维修费及其增值税时：

借：管理费用	2	
应交税费——应交增值税（进项税额）	0.26	
贷：银行存款		2.26

    B. 支付维修费及其增值税时：

借：在建工程	2	
应交税费——应交增值税（进项税额）	0.26	
贷：银行存款		2.26

    C. 领用维修材料时：

借：在建工程	0.5	
贷：原材料		0.5

    D. 领用维修材料时：

借：管理费用	0.5	
贷：原材料		0.5

(4) 根据资料（1）~（3），下列各项中，M 设备毁损的相关会计处理结果正确的是（　　）。

    A. 结转毁损净损失时，借记"营业外支出"科目

    B. 收到报废残值变价收入时，贷记"固定资产清理"科目

    C. 将毁损设备转入清理时，借记"固定资产清理"科目

    D. 结转毁损净损失时，借记"资产处置损益"科目

(5) 根据资料（1）~（3），M 设备相关业务导致企业 2×23 年利润总额减少的金额是（　　）万元。

A. 108.5　　　　B. 106　　　　C. 116　　　　D. 118.5

147.（不定项选择题） 甲公司为增值税一般纳税人，2×23 年度该公司发生与固定资产相关业务如下：

（1）1 月 8 日，购入一台需要安装的 M 设备，取得的增值税专用发票上注明的价款为 500 000 元，增值税税额为 65 000 元，另支付安装费取得的增值税专用发票上注明的价款为 40 000 元，增值税税额为 3 600 元，全部款项以银行存款支付。该设备预计可使用 5 年，预计净残值为 30 000 元，采用年限平均法计提折旧。1 月 10 日 M 设备达到预定可使用状态并交付生产车间使用。

（2）6 月 30 日，委托外单位对本公司设备进行日常维护修理，其中行政管理部门设备的修理费为 30 000 元，销售部门设备修理费为 10 000 元，取得的增值税专用发票上注明的价款为 40 000 元，增值税税额为 5 200 元，全部款项以银行存款支付。

（3）12 月 5 日，报废一台 N 设备，该设备原值为 800 000 元，已计提折旧760 000 元，未发生资产减值损失。设备报废取得变价收入 20 000 元，开具的增值税专用发票上注明的增值税税额为 2 600 元，报废过程中发生清理费用 6 000 元，全部款项均已通过银行办理结算。

（4）12 月 31 日，对固定资产进行减值测试，发现 2×23 年 1 月购入的 M 设备存在减值迹象，其可收回金额为 440 000 元。

要求： 根据上述资料，不考虑其他因素，分析回答下列小题。

（1）根据资料（1），下列各项中，甲公司购入 M 设备的入账价值是（　　）元。

　　A. 540 000　　　　B. 605 000　　　　C. 565 000　　　　D. 500 000

（2）根据资料（1），下列各项中，甲公司购入 M 设备计提折旧的表述正确的是（　　）。

　　A. 自 2×23 年 1 月开始计提折旧　　　　B. 2×23 年计提折旧 93 500 元

　　C. 自 2×23 年 2 月开始计提折旧　　　　D. 每月折旧额为 8 500 元

（3）根据资料（2），下列各项中，甲公司支付设备修理费的会计处理正确的是（　　）。

　　A. 确认管理费用 40 000 元　　　　B. 确认制造费用 40 000 元

　　C. 确认销售费用 10 000 元　　　　D. 确认管理费用 30 000 元

（4）根据资料（3），下列各项中，甲公司报废 N 设备会计处理正确的是（　　）。

　　A. 支付清理费用时：

　　　　借：固定资产清理　　　　　　　　　　　　　　　　　6 000

　　　　　　贷：银行存款　　　　　　　　　　　　　　　　　　　6 000

　　B. 转入清理时：

　　　　借：固定资产清理　　　　　　　　　　　　　　　　　40 000

　　　　　　累计折旧　　　　　　　　　　　　　　　　　　760 000

　　　　　　贷：固定资产　　　　　　　　　　　　　　　　　　800 000

    C. 取得变价收入时：

        借：银行存款　　　　　　　　　　　　　　　　22 600

            贷：固定资产清理　　　　　　　　　　　　　　　20 000

                应交税费——应交增值税（销项税额）　　　　2 600

    D. 结转报废净损失时：

        借：资产处置损益　　　　　　　　　　　　　　26 000

            贷：固定资产清理　　　　　　　　　　　　　　　26 000

（5）根据资料（1）和资料（4），下列各项中，12 月 31 日关于 M 设备期末计量和报表填列正确的是（　　）。

    A. M 设备应计提减值准备 6 500 元

    B. 期末 M 设备在资产负债表"固定资产"项目填列的金额为 446 500 元

    C. M 设备的减值损失在以后会计期间不得转回

    D. 期末 M 设备在资产负债表"固定资产"项目填列的金额为 440 000 元

148.（不定项选择题）某企业为增值税一般纳税人，2×23 年发生有关固定资产业务如下：

（1）1 月 3 日，该企业自行建造厂房一幢，购入建造工程用的各种物资 500 万元，增值税专用发票上注明的增值税税额 65 万元，全部用于工程建设。

（2）2 月 17 日，建造厂房的过程中领用本企业生产的水泥一批，实际成本 400 万元。

（3）3 月 31 日，支付安装费 30 万元，取得的增值税专用发票上注明的税额 2.7 万元；确认安装人员薪酬 100 万元。当日，该厂房达到预定可使用状态。该厂房预计可使用 20 年，预计净残值 30 万元，采用年限平均法计提折旧。

（4）6 月 30 日，该企业财产清查过程中盘盈管理用设备一台，重置成本为 10 万元。预计可使用 5 年，预计净残值为 0，采用年限平均法计提折旧。

（5）9 月 15 日，该企业以其新建的厂房作为对价，取得乙企业 25% 的股权。当日，乙企业的可辨认净资产公允价值为 4 000 万元；厂房的市场价值为 1 100 万元。

（6）12 月 31 日，该企业出售生产用设备一台，该设备原价 50 万元，已计提折旧 30 万元，减值准备 5 万元；支付清理费用 2 万元；取得出售价款 10 万元，增值税税额 1.3 万元。

    其他：相关款项均以银行存款支付；按净利润的 10% 提取法定盈余公积，不考虑增值税以外的税费及其他因素的影响。

要求：根据上述资料，不考虑其他因素，分析回答下列小题。

（1）根据资料（1）~（3），下列各项中，关于该企业自行建造厂房的会计处理正确的是（　　）。

    A. 购入建造厂房用工程物资：

        借：工程物资　　　　　　　　　　　　　　　　500

            应交税费——应交增值税（进项税额）　　　　65

　　　贷：银行存款　　　　　　　　　　　　　　　　565

　　B. 建造厂房领用本企业生产的水泥：

　　　借：在建工程　　　　　　　　　　　　400

　　　　贷：库存商品　　　　　　　　　　　　　　400

　　C. 支付安装费与确认安装人员薪酬：

　　　借：在建工程　　　　　　　　　　　　130

　　　　贷：应付职工薪酬　　　　　　　　　　　100

　　　　　银行存款　　　　　　　　　　　　　30

　　D. 该厂房达到预定可使用状态：

　　　借：固定资产　　　　　　　　　　　1 095

　　　　贷：在建工程　　　　　　　　　　　　1 095

（2）根据资料（1）~（3），下列各项中，关于该厂房折旧的会计处理正确的是（　　）。

　　A. 折旧总额为1 030万元　　　　　B. 年折旧额为50万元

　　C. 折旧额应记入"制造费用"科目　　D. 应当从3月开始计提折旧

（3）根据资料（4），下列各项中，关于该企业盘盈生产设备的会计处理正确的是（　　）。

　　A. 调整期初留存收益10万元

　　B. 应通过"待处理财产损溢"科目核算

　　C. 贷记"盈余公积"科目1万元

　　D. 贷记"营业外收入"科目10万元

（4）根据资料（5），下列各项中，关于该企业取得长期股权投资的会计处理正确的是（　　）。

　　A. 该长期股权投资的初始投资成本为975万元

　　B. 该长期股权投资的初始入账价值为1 000万元

　　C. 确认"营业外收入"－5万元

　　D. 确认"资产处置损益"95万元

（5）根据上述资料，该企业利润表相关项目编制的表述中，正确的是（　　）。

　　A. "资产处置收益"项目增加95万元

　　B. "管理费用"项目增加1万元

　　C. "营业外支出"项目增加8.3万元

　　D. "利润总额"项目增加87万元

149.（不定项选择题）甲公司为增值税一般纳税人，2×23年发生的与无形资产相关的经济业务如下：

（1）5月10日，自行研发某项行政管理非专利技术，截至5月31日，用银行存款支付研发费用50 000元，相关支出不符合资本化条件，经测试该项研发活动完成了研究阶段。

(2) 6月1日，该项研发活动进入开发阶段，该阶段发生研发人员薪酬 500 000 元，支付其他研发费用 100 000 元，取得经税务机关认证的增值税专用发票注明的增值税税额为 13 000 元，全部符合资本化条件。

(3) 9月5日，该项研发活动结束，经测试达到预定技术标准，形成一项非专利技术并投入使用，该项非专利技术预计使用年限为 5 年，采用直线法摊销。

(4) 12月1日，将上述非专利技术出租给乙公司，双方约定的转让期限为 2 年。月末，甲公司收取当月租金收入 20 000 元，增值税税额为 1 200 元，款项存入银行。

要求： 根据上述资料，不考虑其他因素，分析回答下列小题。

(1) 根据资料（1），关于甲公司研发费用的会计处理正确的是（   ）。

    A. 支付时，记入"研发支出——费用化支出"科目

    B. 支付时，记入"管理费用"科目

    C. 期末将"研发支出——费用化支出"科目的余额转入"管理费用"科目

    D. 支付时，记入"研发支出——资本化支出"科目

(2) 根据资料（1）~（3），甲公司自行研发非专利技术的入账金额是（   ）元。

    A. 663 000   B. 650 000   C. 613 000   D. 600 000

(3) 根据资料（1）~（4），甲公司 12 月出租非专利技术的账务处理正确的是（   ）。

    A. 收取租金时：

借：银行存款	21 200
贷：营业外收入	20 000
应交税费——应交增值税（销项税额）	1 200

    B. 计提摊销时：

借：管理费用	10 000
贷：累计摊销	10 000

    C. 收取租金时：

借：银行存款	21 200
贷：其他业务收入	20 000
应交税费——应交增值税（销项税额）	1 200

    D. 计提摊销时：

借：其他业务成本	10 000
贷：累计摊销	10 000

(4) 根据资料（1）~（4），年末甲公司该项非专利技术的账面价值是（   ）元。

    A. 600 000   B. 560 000   C. 700 000   D. 570 000

(5) 根据资料（1）~（4），上述业务对甲公司 2×23 年利润表项目的影响正确的是（   ）。

    A. "研发费用"项目增加 80 000 元   B. "营业收入"项目增加 20 000 元

C. "营业成本"项目增加 10 000 元   D. "管理费用"项目增加 30 000 元

150. （不定项选择题）甲公司为增值税一般纳税人，2×23 年 1～6 月发生无形资产相关交易或事项如下：

(1) 甲公司自行研究开发一项 F 非专利技术已进入开发阶段，截至 2×23 年初"研发支出——资本化支出——F 非专利技术项目"科目余额为 470 000 元。2×23 年 1～6 月，每月发生专职研发人员薪酬 60 000 元，共计 360 000 元；每月应负担专用设备折旧费 2 400 元，共计 14 400 元；共耗用原材料 96 000 元；以银行存款支付咨询费 19 600 元，取得的增值税专用发票上注明的增值税税额为 1 176 元。至 6 月 29 日开发完成并调试，达到预定用途并交付行政管理部门使用，期间发生的开发支出全部符合资本化条件。

(2) 6 月 30 日，甲公司预计 F 非专利技术摊销期为 8 年，预计净残值为 0。采用年限平均法按月进行摊销。

(3) 6 月 30 日，甲公司将其购买的一项专利权转让给乙公司，开具的增值税专用发票上注明的价款为 600 000 元，增值税税额为 36 000 元，全部款项 636 000 元已存入银行。该专利权的成本为 720 000 元，已摊销 144 000 元，未计提减值准备。

要求：根据上述资料，不考虑其他因素，分析回答下列小题。

(1) 根据资料（1），下列各项中，关于研发 F 非专利技术相关会计科目处理正确的是（　　）。

A. 以银行存款支付咨询费时，借记"研发支出——资本化支出"科目 20 776 元

B. 确认耗用原材料时，贷记"原材料"科目 96 000 元

C. 每月计提专用设备折旧时，借记"研发支出——资本化支出"科目 2 400 元

D. 每月分配专职研发人员薪酬时，借记"管理费用"科目 60 000 元

(2) 根据资料（1），下列各项中，F 非专利技术达到预定用途时的会计处理正确是（　　）。

A. 借记"无形资产"科目 960 000 元

B. 借记"无形资产"科目 470 400 元

C. 贷记"研发支出——资本化支出"科目 960 000 元

D. 借记"管理费用"科目 374 400 元

(3) 根据资料（1）～（2），下列各项中，6 月 30 日摊销 F 非专利技术成本的会计处理正确的是（　　）。

A. 借记"管理费用"科目 4 900 元

B. 贷记"累计摊销"科目 4 900 元

C. 借记"管理费用"科目 10 000 元

D. 贷记"累计摊销"科目 10 000 元

(4) 根据资料（3），下列各项中，出售专利权的会计科目处理正确的是（　　）。

A. 贷记"资产处置损益"科目 24 000 元

B. 贷记"无形资产"科目 720 000 元

C. 借记"其他业务成本"科目 576 000 元

D. 贷记"应交税费——应交增值税（销项税额）"科目 36 000 元

（5）根据资料（1）~（3），2×23 年 6 月利润表中"营业利润"项目本期金额增加（　　）元。

A. 24 000　　　　　B. 14 000　　　　　C. 18 000　　　　　D. 10 000

第五章　负　债

151. (单选题) 某公司 2×23 年 4 月 1 日向银行借入一笔偿还期限为 6 个月的借款，金额 100 万元，年利率为 6%，到期还本，按月计提利息，按季支付。不考虑其他因素，该公司 2×23 年 7 月 31 日支付的利息金额为（　　）万元。

    A. 0.5　　　　　　　　　　　　　B. 1

    C. 2　　　　　　　　　　　　　　D. 0

152. (单选题) 企业转销无法支付的应付账款，应贷记的会计科目是（　　）。

    A. 短期借款　　　　　　　　　　B. 营业外收入

    C. 应付票据　　　　　　　　　　D. 其他应付款

153. (单选题) 下列各项中，企业应通过"其他应付款"科目核算的是（　　）。

    A. 应交纳的教育费附加

    B. 出租包装物收取的押金

    C. 股东大会宣告分配的现金股利

    D. 应付供货方代垫的运费

154. (单选题) 下列业务中，应记入"应付职工薪酬"科目借方的是（　　）。

    A. 确认本期销售人员的工伤保险中企业承担部分

    B. 确认本期职工工资中代扣代缴的个人所得税

    C. 确认因解除与职工劳动关系应给予的补偿

    D. 支付退休人员的工资

155. (单选题) 下列各项中，不属于短期薪酬的是（　　）。

    A. 工伤保险费　　　　　　　　　B. 养老保险费

    C. 医疗保险费　　　　　　　　　D. 住房公积金

156. (单选题) 企业为管理人员提供租赁住房的租金，应借记的会计科目是（　　）。

    A. 制造费用　　　　　　　　　　B. 营业外支出

    C. 生产成本　　　　　　　　　　D. 应付职工薪酬

157. (单选题) 某企业外购商品一批作为福利发放给直接从事生产的职工，取得的增值税专用发票上注明的价款为 20 万元、增值税税额为 2.6 万元（增值税专用发票尚未经税务机关认证），相关款项以银行存款支付。不考虑其他因素，甲公司的下列会计处理中，正确的是（　　）。

A. 购进商品时：

借：库存商品　　　　　　　　　　　　　　　　　　　　　　20

　　应交税费——应交增值税（进项税额）　　　　　　　　2.6

　　　贷：银行存款　　　　　　　　　　　　　　　　　　　22.6

B. 经税务机关认证不可抵扣时：

借：库存商品　　　　　　　　　　　　　　　　　　　　　2.6

　　贷：应交税费——应交增值税（进项税额转出）　　　　2.6

C. 实际发放时：

借：应付职工薪酬——非货币性福利　　　　　　　　　　20

　　贷：库存商品　　　　　　　　　　　　　　　　　　　20

D. 经税务机关认证不可抵扣时：

借：应交税费——应交增值税（进项税额）　　　　　　　2.6

　　贷：应交税费——待认证进项税额　　　　　　　　　　2.6

同时，

借：库存商品　　　　　　　　　　　　　　　　　　　　　2.6

　　贷：应交税费——应交增值税（进项税额转出）　　　　2.6

158.（单选题）甲公司为增值税一般纳税人，委托乙公司加工一批应税消费品，该批应税消费品收回后用于连续生产应税消费品。甲公司在收回该批委托加工应税消费品时，应将由受托方代收代缴的消费税记入（　　）科目。

A. 应交税费——应交消费税

B. 主营业务成本

C. 委托加工物资

D. 生产成本

159.（单选题）某企业于 2×23 年 1 月 1 日从银行借入资金 10 000 万元，期限 5 年，利率 5%，实际利率 5.23%，利息按年支付，到期还本。该企业实际收到款项 9 900 万元。不考虑其他因素，该企业收到借款的差额的会计处理中，正确的是（　　）。

A. 借记"财务费用"科目

B. 借记"管理费用"科目

C. 借记"长期借款——本金"科目

D. 借记"长期借款——利息调整"科目

160.（单选题）企业以分期付款方式购入固定资产发生的期限超 1 年的应付款，应记入的会计科目是（　　）。

A. 长期借款　　　　　　　　　　　B. 其他应付款

C. 长期应付款　　　　　　　　　　D. 应付账款

161.（多选题）企业归还按期付息，到期还本的短期借款时，借方可能涉及的会计科目有（　　）。

A. 短期借款
B. 财务费用

C. 应付利息
D. 应计利息

162. （多选题）企业开具的商业汇票到期无力偿付，贷记的会计科目可能有（　　）。

A. 应付票据
B. 应付账款

C. 短期借款
D. 银行存款

163. （多选题）下列各项中，关于"应付利息"科目的表述正确的有（　　）。

A. 企业因开出银行承兑汇票支付银行手续费，应记入"应付利息"科目借方

B. "应付利息"科目期末贷方余额反映企业应付未付的利息

C. 按照短期借款合同约定计算的应付利息，应记入"应付利息"科目借方

D. 企业支付已经预提的利息，应记入"应付利息"科目借方

164. （多选题）下列各项中，企业计算的应交消费税，应计入相关资产成本的有（　　）。

A. 进口应税消费品

B. 领用自产应税消费品用于在建工程

C. 领用自产应税消费品用于财务人员职工福利

D. 对外销售应税消费品

165. （判断题）企业的短期借款利息数额不大的可以不采用预提的方法，而在实际支付时，直接计入当期损益。（　　）

166. （判断题）企业因开出银行承兑汇票而支付的银行承兑汇票手续费，应当计入当期管理费用。（　　）

167. （判断题）企业根据董事会或类似机构制定的利润分配方案确认分配的现金股利，不需要进行账务处理。（　　）

168. （判断题）企业转销确实无法支付的应付账款时，应按其账面余额冲减管理费用。（　　）

刷提高

169. （单选题）企业外购原材料开具银行承兑汇票支付的手续费，应借记的会计科目是（　　）。

A. 财务费用
B. 管理费用

C. 其他应付款
D. 原材料

170. （单选题）某公司辞退计划的职工最佳估计数为 60 名，为生产工人和车间管理人员，该公司预计离职补偿总额为 120 万元。不考虑其他因素，则该公司有关辞退福利的会计处理正确的是（　　）。

A. 借：生产成本　　　　　　　　　　　　　120
　　　贷：应付职工薪酬——离职后福利　　　　　　　120

    B. 借：管理费用   120

         贷：应付职工薪酬——辞退福利   120

    C. 借：生产成本   120

         贷：应付职工薪酬——辞退福利   120

    D. 借：制造费用   120

         贷：应付职工薪酬——辞退福利   120

171. （单选题）某企业计提生产车间管理人员基本养老保险费 16 万元，下列会计处理中正确的是（　　）。

    A. 借：管理费用   16

         贷：应付职工薪酬——设定提存计划（基本养老保险费）   16

    B. 借：制造费用   16

         贷：应付职工薪酬——设定提存计划（基本养老保险费）   16

    C. 借：生产成本——制造费用   16

         贷：其他应收款   16

    D. 借：生产成本——制造费用   16

         贷：其他应付款   16

172. （单选题）某企业为增值税小规模纳税人，原材料按实际成本核算。2×23 年 10 月 15 日购入一批原材料，取得的增值税普通发票上注明的价款为 800 000 元，增值税税额为 104 000 元，材料入库前发生挑选整理费 1 500 元，材料已验收入库。不考虑其他因素，该批原材料的入账价值为（　　）元。

    A. 800 000   B. 801 500

    C. 904 000   D. 905 500

173. （单选题）下列各项中，关于收回后用于连续生产应税消费品的委托加工物资在加工过程中发生的相关税费，不应计入委托加工物资成本的是（　　）。

    A. 发出加工物资应负担的材料超支差异

    B. 由受托方代缴的消费税

    C. 企业支付给受托方的加工费

    D. 企业发出加工物资支付的运费

174. （单选题）委托加工的应税消费品，收回后用于连续生产非应税消费品的，由受托方代收代缴的消费税应记入的会计科目是（　　）。

    A. 委托加工物资   B. 应交税费——应交消费税

    C. 管理费用   D. 税金及附加

175. （单选题）下列各项中，企业应通过"应交税费"科目核算的是（　　）。

    A. 由税务部门统一征收的社会保险费

    B. 进口货物应向海关缴纳的关税

    C. 转让房屋应交纳的土地增值税

    D. 占用耕地建房应交纳的耕地占用税

176.（多选题）下列关于应付账款的会计处理中，正确的有（　　）。

A. 货物与发票账单同时到达，待货物验收入库后，按发票账单登记入账

B. 货物已到但发票账单未同时到达，待月份终了时暂估入账

C. 企业外购电力通过"应付账款"科目核算

D. 企业确实无法支付的应付账款应予以转销

177.（判断题）应付银行承兑汇票到期，企业无力支付票款，应由承兑银行代为支付并作为付款企业的贷款处理。（　　）

178.（判断题）企业分配的股票股利，应当通过"应付股利"科目核算。（　　）

179.（不定项选择题）某企业为增值税一般纳税人，2×23年12月初该企业"应付职工薪酬"科目贷方余额为300万元。2×23年12月该企业发生的有关经济业务如下：

（1）结算上月应付职工薪酬，并按规定代扣职工个人所得税7万元，扣除职工应付企业的房租13万元，收回代垫职工家属医药费5万元，实发工资共计275万元。

（2）经批准，企业本月为管理人员租赁公寓免费居住，月租金为7万元（不考虑增值税）；为专设销售机构销售人员提供汽车免费使用，车辆每月计提折旧0.6万元。上述业务均符合非货币性福利确认条件。

（3）以自产的空气净化器作为非货币性福利发放给20名管理人员每人一台。每台的成本为0.5万元，不含增值税的市场售价为0.8万元，适用的增值税税率为13%。

（4）12月确认应付职工薪酬总额330万元，其中：车间生产人员薪酬210万元，车间管理人员薪酬30万元，行政管理人员薪酬50万元，销售人员薪酬40万元。本月生产的产品尚未完工。

要求：根据上述资料，不考虑其他因素，分析回答下列小题。

（1）根据期初资料和资料（1），下列各项中，该企业支付职工薪酬的会计处理正确的是（　　）。

A. 借：应付职工薪酬　　　　　　　　　　　　　　300
　　　贷：银行存款　　　　　　　　　　　　　　　　275
　　　　　应交税费——应交个人所得税　　　　　　　　7
　　　　　其他应收款　　　　　　　　　　　　　　　　18

B. 借：应付职工薪酬　　　　　　　　　　　　　　300
　　　贷：银行存款　　　　　　　　　　　　　　　　275
　　　　　应交税费——应交个人所得税　　　　　　　　7
　　　　　其他应付款　　　　　　　　　　　　　　　　18

C. 借：应付职工薪酬　　　　　　　　　　　　　　300
　　　贷：银行存款　　　　　　　　　　　　　　　　275
　　　　　其他应收款　　　　　　　　　　　　　　　　25

　　　D. 借：应付职工薪酬　　　　　　　　　　　　　　　　　　300

　　　　　贷：银行存款　　　　　　　　　　　　　　　　　　　275

　　　　　　　其他应付款　　　　　　　　　　　　　　　　　　 25

（2）根据资料（2），下列各项中，该企业为职工租赁住房和提供汽车的相关会计
处理正确的是（　　　）。

　　A. 确认应付职工薪酬 7.6 万元　　　　B. 确认管理费用 7 万元

　　C. 确认销售费用 0.6 万元　　　　　　D. 确认管理费用 7.6 万元

（3）根据资料（3），下列各项中，该企业确认并发放非货币性福利的会计处理正
确的是（　　　）。

　　A. 结转主营业务成本 10 万元　　　　B. 确认管理费用 16 万元

　　C. 确认主营业务收入 16 万元　　　　D. 确认管理费用 18.08 万元

（4）根据资料（4），下列各项中，该企业确认本月职工薪酬的会计处理正确的是
（　　　）。

　　A. 销售人员薪酬 40 万元计入销售费用

　　B. 行政管理人员薪酬 50 万元计入管理费用

　　C. 车间生产人员薪酬 210 万元计入生产成本

　　D. 车间管理人员薪酬 30 万元计入制造费用

（5）根据资料（2）~（4），下列各项中，该企业 12 月职工薪酬业务对当月营业利
润影响结果表述正确的是（　　　）。

　　A. 增加 6 万元　　　　　　　　　　　B. 减少 75.08 万元

　　C. 增加 16 万元　　　　　　　　　　 D. 减少 109.68 万元

刷易错

180.（单选题）下列各项中，不属于视同销售的是（　　　）。

　　A. 自产产品用于办公　　　　　　　　B. 外购产品用于赠送

　　C. 外购产品用于偿债　　　　　　　　D. 自产产品用于赞助

181.（单选题）某生活超市为增值税小规模纳税人，2×23 年 9 月购入日化用品一批，
取得增值税专用发票注明的金额 50 万元，增值税税额 6.5 万元。当月零售日化用
品，收取价款 61.8 万元；零售酒水饮料，收取价款 30.9 万元。该超市适用的增
值税征收率为 3%。不考虑其他因素，该超市 2×23 年 9 月应缴纳的增值税税额
为（　　　）万元。

　　A. 9.2　　　　　　　B. 6.5　　　　　　　C. 0　　　　　　　　D. 2.7

182.（多选题）下列各项中，企业通过"其他应付款"科目核算的有（　　　）。

　　A. 应付出借包装物收取的押金　　　　B. 应付水电费

　　C. 应付租入包装物租金　　　　　　　D. 应付购买的原材料运费

183. （多选题）自产自用的应税矿产品应缴纳的资源税，可以记入的会计科目有（　　）。

A. 税金及附加
B. 生产成本
C. 管理费用
D. 制造费用

184. （判断题）短期借款科目贷方的内容包括短期借款预提的利息。（　　）

185. （判断题）在长期应付款中，各期实际支付的价款之和与购买价款的现值之和之间的差额，应当在信用期间内采用实际利率法进行摊销，计入相关资产成本或当期损益。（　　）

186. （判断题）以委托加工货物用于对外投资、分配给股东，无偿赠送他人，其进项税额应作转出处理。（　　）

刷通关

187. （单选题）2×23 年 12 月初，甲企业"应付账款"科目贷方余额为 200 万元，当月以银行存款偿还上月的外购材料货款 30 万元，退还出借包装物押金 5 万元。不考虑其他因素，2×23 年 12 月末该企业"应付账款"科目余额为（　　）万元。

A. 235
B. 165
C. 170
D. 200

188. （单选题）某企业将自产的 200 台电暖气作为非货币性福利发放给职工。每台成本为 800 元、不含税市场售价为每台 1 200 元，适用的增值税税率为 13%。不考虑其他因素，该企业应确认的应付职工薪酬金额为（　　）元。

A. 160 000
B. 180 800
C. 240 000
D. 271 200

189. （单选题）下列各项中，小规模纳税人销售商品应交的增值税记入的会计科目是（　　）。

A. 库存商品
B. 应交税费——应交增值税（销项税额）
C. 应交税费——简易计税
D. 应交税费——应交增值税

190. （多选题）下列各项中，不应计入应付股利的有（　　）。

A. 董事会通过的利润分配方案中拟分配的现金股利
B. 已分配的股票股利
C. 已宣告分配但尚未支付的现金股利
D. 已宣告分配的股票股利

191. （多选题）下列各项中，关于企业非货币性职工薪酬的会计处理的表述正确的有（　　）。

A. 难以认定受益对象的非货币性福利，应当直接计入当期损益

B. 企业租赁汽车供高级管理人员无偿使用，应当将每期应付的租金计入管理费用

C. 企业以自产产品作为非货币性福利发放给销售人员，应当按照产品的实际成本计入销售费用

D. 企业将自有房屋无偿提供给生产工人使用，应当按照该住房的公允价值计入生产成本

192. （多选题）下列各项中，应通过"应交税费"科目核算的有（   ）。

A. 开立并使用账簿缴纳的印花税

B. 开采矿产品应交的资源税

C. 销售应税消费品应交的消费税

D. 发放职工薪酬代扣代缴的个人所得税

193. （不定项选择题）某企业为增值税一般纳税人，适用的增值税税率为 13%，2×23 年 6 月 1 日 "应付职工薪酬——工资" 科目贷方余额为 600 万元，6 月该企业发生有关职工薪酬业务如下：

（1）1 日，根据工资费用分配表，结算上月应付职工工资 600 万元，其中代扣职工房租 10 万元，代扣职工个人所得税 20 万元，代扣职工个人应缴纳的社会保险费 60 万元，实发工资 510 万元，以银行存款支付。

（2）13 日，以本企业生产的电风扇作为非货币性福利发放给 400 名生产工人。该型号电风扇不含增值税的市场售价为每台 200 元，每台生产成本为 150 元。

（3）30 日，分配本月应付职工薪酬 600 万元，工资费用分配表中生产工人工资 300 万元，车间管理人员工资 80 万元，行政管理人员工资 120 万元，专设销售机构人员工资 100 万元。

（4）30 日，分别按工资的 12% 和 11% 计提社会保险（不含基本养老保险和失业保险）和住房公积金。

要求：根据上述资料，不考虑其他因素，分析回答下列小题。（答案中的金额单位用万元表示）

（1）根据期初资料和资料（1），企业支付职工薪酬相关会计处理结果正确的是（   ）。

A. 其他应付款减少 60 万元   B. 其他应收款减少 10 万元

C. 应交税费增加 20 万元   D. 银行存款减少 510 万元

（2）根据资料（2），下列各项中，该企业确认和发放非货币性福利相关会计处理正确的是（   ）。

A. 借：主营业务成本   6
　　　贷：库存商品   6

B. 借：应付职工薪酬   9.04
　　　贷：主营业务收入   8
　　　　　应交税费——应交增值税（销项税额）   1.04

        C. 借：生产成本　　　　　　　　　　　　　　　　　　　8

             贷：应付职工薪酬　　　　　　　　　　　　　　　　　8

        D. 借：生产成本　　　　　　　　　　　　　　　　　9.04

             贷：应付职工薪酬　　　　　　　　　　　　　　　9.04

（3）根据资料（3），该企业分配职工薪酬相关会计处理表述正确的是（　　　）。

    A. 行政管理人员工资 120 万元计入管理费用

    B. 销售人员工资 100 万元计入销售费用

    C. 车间管理人员工资 80 万元计入管理费用

    D. 生产工人工资 300 万元计入生产成本

（4）根据期初资料，资料（1）~（4），该企业 2×23 年 6 月 30 日资产负债表"应付职工薪酬"项目期末余额栏应填列的金额是（　　　）万元。

    A. 747.04　　　　　　　　　　B. 609.04

    C. 600　　　　　　　　　　　　D. 738

（5）根据资料（2）~（4），下列各项中，该企业职工薪酬业务对本月利润表相关项目本期金额的影响结果正确的是（　　　）。

    A. 营业收入增加 8 万元　　　　B. 营业成本增加 6 万元

    C. 管理费用增加 120 万元　　　D. 销售费用增加 123 万元

194.（不定项选择题）甲乳制品生产企业（以下简称甲企业）为增值税一般纳税人，适用的增值税税率为 13%，2×23 年 10 月初"应交税费"借方余额为 60 万元，当月发生如下经济业务：

(1) 建造办公楼领用外购商品一批，成本 150 万元，市场价值 180 万元。

(2) 外购鲜牛乳一批，材料已验收入库，但发票账单至月末尚未收到也无法确定其实际成本，暂估价值 300 万元，款项尚未支付。

(3) 甲企业决定将一批外购的生产用鲜牛乳作为非货币性福利发放给职工，每人发放一件，每件成本 2 万元，对应增值税进项税额 0.26 万元，本月月末发放。该企业共有 100 名职工，其中生产工人 50 名、车间管理人员 10 名、行政管理人员 20 名、销售人员 20 名。

(4) 向贫困地区捐赠乳制品一批，实际成本 50 万元，市场价值 60 万元（不含税）。

要求： 根据上述资料，不考虑其他因素，分析回答下列小题。（答案中的金额单位用万元表示）

(1) 根据资料（1），下列各项中，甲企业会计处理正确的是（　　　）。

    A. "在建工程"科目增加 150 万元

    B. "在建工程"科目增加 203.4 万元

    C. "应交税费——应交增值税（销项税额）"科目增加 23.4 万元

    D. "应交税费——应交增值税（进项税额转出）"科目增加 19.5 万元

(2) 根据资料（2），甲企业的会计处理中正确的是（　　　）。

    A. 借：原材料　　　　　　　　　　　　　　　　　　300

     应交税费——应交增值税（进项税额） 39

      贷：应付账款   339

  B. 借：原材料   339

     贷：应付账款——暂估应付款   339

  C. 借：在途物资   300

     应交税费——应交增值税（进项税额） 39

      贷：应付账款   339

  D. 借：在途物资   339

     贷：应付账款——暂估应付款   339

（3）根据资料（3），下列各项中，关于甲企业会计处理结果正确的是（ ）。

  A. 计提管理人员非货币性福利时，应借记"管理费用"科目 67.8 万元

  B. 计提车间生产工人非货币性福利时，应贷记"应交税费——应交增值税（进项税额转出）"科目 13 万元

  C. 发放非货币性福利时，应借记"应付职工薪酬"科目 226 万元

  D. 发放非货币性福利时，应贷记"库存商品"科目 200 万元

（4）根据资料（4），下列各项中，甲企业向贫困地区捐赠乳制品的会计处理正确的是（ ）。

  A. 借：营业外支出   50

     贷：库存商品   50

  B. 借：营业外支出   56.5

     贷：库存商品   50

      应交税费——应交增值税（进项税额转出） 6.5

  C. 借：营业外支出   67.8

     贷：主营业务收入   60

      应交税费——应交增值税（销项税额）   7.8

  D. 借：营业外支出   57.8

     贷：库存商品   50

      应交税费——应交增值税（销项税额）   7.8

（5）根据上述资料，甲企业 2×23 年财务报表相关项目编制正确的是（ ）。

  A. 资产负债表"在建工程"项目增加 150 万元

  B. 资产负债表"存货"项目减少 100 万元

  C. 利润表"营业利润"项目减少 80 万元

  D. 利润表"利润总额"项目减少 130 万元

195.（不定项选择题）甲公司 2×23 年发生如下交易或事项：

（1）1 月 1 日，从银行借入 200 万元的长期借款，当日全部用于购建某生产线（该生产线建设工程当日开工，建造期为 2 年，工程建造期间的借款利息均符合资本化条件）。该借款期限为 3 年，年利率为 5.4%，分期付息到期一次

还本，年末计息（不计复利）。

（2）9月1日，从银行借入100万元的短期借款，以满足季节性生产对资金的需求。该借款期限为6个月，年利率为3.6%（与实际利率一致），月末计息，分季付息。

（3）10月1日，购入一台不需要安装的生产设备，增值税专用发票上注明的价款为600万元，增值税税额为78万元。同时，甲公司开出并经开户银行承兑的商业汇票一张，面值为678万元，期限3个月，交纳银行承兑手续费0.339万元。

（4）12月31日，甲公司10月1日开出的商业汇票到期，该公司无力支付票款。

要求： 根据上述资料，不考虑其他因素，分析回答下列小题。（答案中的金额单位用万元表示）

（1）根据资料（1），甲公司会计处理正确的是（　　）。

    A. 12月31日，"在建工程"科目余额为210.8万元

    B. 1月1日，"长期借款"科目增加200万元

    C. 12月31日，"财务费用"科目增加10.8万元

    D. 12月31日，"长期借款——应计利息"科目增加10.8万元

（2）根据资料（2），下列各项中，甲公司会计处理正确的是（　　）。

    A. 9月30日，计提利息时：

        借：财务费用   0.3

            贷：短期借款   0.3

    B. 9月1日，从银行借入短期借款时：

        借：银行存款   100

            贷：短期借款   100

    C. 9月30日，计提利息时：

        借：财务费用   0.3

            贷：应付利息   0.3

    D. 9月30日，计提利息时：

        借：财务费用   0.9

            贷：应付利息   0.9

（3）根据资料（3），下列各项中，甲公司的会计处理正确的是（　　）。

    A. "应付票据"科目增加678万元

    B. "其他货币资金"科目增加678万元

    C. "财务费用"科目增加0.339万元

    D. "固定资产"科目增加600万元

（4）根据资料（4），下列各项中，甲公司无力支付到期商业汇票款的会计处理中，正确的是（　　）。

    A. 借：应付票据   678

           贷：银行存款   678

    B. 借：应付票据   678

          贷：短期借款   678

    C. 借：应付票据   678

          贷：应付账款   678

    D. 借：应付票据   678

          贷：营业外收入   678

（5）根据资料（2）～（4），下列各项中，2×23 年 12 月 31 日甲公司资产负债表"短期借款"项目期末余额填列为（　　　）万元。

    A. 778   B. 678   C. 100   D. 101.2

第六章　所有者权益

196. （单选题）甲股份有限公司发行普通股 2 000 万股，每股面值 1 元，发行价格 4 元，发行股票的手续费 50 万元已从发行收入中扣除，发行所得款项已经全部存入银行。不考虑其他因素，甲股份有限公司发行股票应计入股本的金额为（　　）万元。

A. 1 950　　　　　B. 2 000　　　　　C. 7 950　　　　　D. 8 000

197. （单选题）下列各项中，不会引起所有者权益总额发生增减变动的是（　　）。

A. 溢价回购本公司股票

B. 按面值发行股票

C. 资本公积转增实收资本

D. 用盈余公积发放现金股利

198. （单选题）下列各项中，关于公司资本公积的表述不正确的是（　　）。

A. 资本公积不可以用于弥补上年度发生的亏损

B. 资本公积可以用于转增资本

C. 溢价发行股票发生的相关交易费用冲减资本公积

D. 资本公积体现不同所有者的占有比例

199. （单选题）根据《公司法》的规定，企业法定盈余公积提取比重达到注册资本的（　　）时，可以不再提取。

A. 10%　　　　　B. 25%　　　　　C. 5%　　　　　D. 50%

200. （单选题）法定盈余公积转增资本后留存下来的部分不得低于转增前注册资本的（　　）。

A. 10%　　　　　B. 25%　　　　　C. 30%　　　　　D. 50%

201. （单选题）2×23 年初，甲公司未分配利润为贷方余额 100 万元。当年实现净利润 1 000 万元，分别按 10% 和 5% 计提法定盈余公积和任意盈余公积，宣告发放现金股利 200 万元。不考虑其他因素，甲公司 2×23 年末未分配利润余额为（　　）万元。

A. 650　　　　　B. 855　　　　　C. 750　　　　　D. 950

202. （多选题）下列各项中，不属于其他综合收益的有（　　）。

A. 股票发行的溢价　　　　　　　　B. 以权益结算的股份支付

C. 投资者超额缴入的资本　　　　　　　D. 外币财务报表折算差额

203. （判断题）企业清算时，只有在清偿所有的负债后，所有者权益才返还给所有者。（　　）

204. （判断题）企业收到投资者投入其在注册资本中所占份额的部分，应当计入当期损益。（　　）

205. （判断题）股份有限公司发行股票发生的手续费、佣金等交易费用，应记入"管理费用"科目。（　　）

206. （判断题）企业溢价发行股票发生的交易费用，依次冲减未分配利润、资本公积（股本溢价）和盈余公积。（　　）

207. （判断题）优先股应当分类为权益工具，而永续债应当分类为金融负债。（　　）

刷提高

208. （单选题）2×23 年 12 月 31 日，甲上市公司的股本 1 000 万元（面值每股 1 元），资本公积 600 万元，盈余公积 350 万元，未分配利润 200 万元。当日，甲公司回购股票 200 万股，回购价格每股 3 元。不考虑其他因素，甲公司注销回购股票时冲减资本公积（　　）万元。

A. 200　　　　　　　B. 0　　　　　　　C. 600　　　　　　　D. 400

209. （单选题）甲股份有限公司委托证券发行公司发行股票 1 000 万股，每股面值 1 元，每股发行价 5 元，另按发行总额的 2% 向证券公司支付佣金。不考虑其他因素，甲股份有限公司应记入"资本公积——股本溢价"科目的金额为（　　）万元。

A. 4 000　　　　　　B. 5 000　　　　　　C. 3 900　　　　　　D. 4 100

210. （单选题）2×23 年 1 月 1 日，甲上市公司所有者权益相关科目贷方余额如下表所示：

会计科目	贷方余额（万元）
股本	100 000（每股面值为 1 元）
资本公积——股本溢价	3 000
盈余公积	30 000

经股东大会批准，7 月 1 日该公司以每股 3 元的价格回购本公司股票 2 000 万股并注销。不考虑其他因素，该公司注销本公司股份时应冲减的盈余公积为（　　）万元。

A. 6 000　　　　　　B. 1 000　　　　　　C. 2 000　　　　　　D. 3 000

211. （单选题）某企业年初未分配利润为借方余额为 100 万元，当年实现净利润 110 万元。该企业按照 10% 提取法定盈余公积。不考虑其他因素，该企业可供投资者分配的利润为（   ）万元。

    A. −1　　　　　　 B. 1　　　　　　 C. 9　　　　　　 D. 10

212. （单选题）2×23 年 12 月 31 日，甲公司盘盈一项固定资产，重置成本为 10 万元。甲公司按照 10% 的比例提取法定盈余公积。不考虑其他因素，该业务对甲公司期初留存收益的影响额为（   ）万元。

    A. 1　　　　　　 B. 9　　　　　　 C. 0　　　　　　 D. 10

213. （多选题）某有限责任公司由甲、乙投资者分别出资 100 万元设立，为扩大经营规模，该公司的注册资本由 200 万元增加到 250 万元，丙企业以现金出资 100 万元享有公司 20% 的注册资本。不考虑其他因素，该公司接受丙企业出资相关科目的会计处理结果正确的有（   ）。

    A. 贷记"实收资本"科目 50 万元

    B. 借记"银行存款"科目 100 万元

    C. 贷记"资本公积——资本溢价"科目 50 万元

    D. 贷记"盈余公积"科目 100 万元

214. （多选题）某公司期初的所有者权益为：股本 5 000 万元（面值为 1 元），资本公积 1 000 万元（其中股本溢价 800 万元），盈余公积 500 万元，未分配利润 600 万元。本期经董事会批准以每股 7 元的价格回购本公司股票 200 万股并按期注销。下列各项中，该公司回购并注销股票的相关科目会计处理结果正确的有（   ）。

    A. 注销时，借记"股本"科目 1 400 万元

    B. 回购时，借记"库存股"科目 1 400 万元

    C. 注销时，借记"盈余公积"科目 400 万元

    D. 注销时，借记"资本公积——股本溢价"科目 800 万元

215. （多选题）下列各项中，企业应通过"资本公积"科目核算的有（   ）。

    A. 投资者实际出资额超出其在企业注册资本的所占份额

    B. 盈余公积转增资本

    C. 回购股票确认"库存股"科目的账面价值

    D. 股份有限公司溢价发行股票扣除交易费用后的股本溢价

216. （判断题）如果以前年度有未弥补的亏损，则当期形成的利润应当先提取盈余公积，然后再弥补以前年度未弥补的亏损。（   ）

刷易错

217. （单选题）2×23 年初，某企业实收资本 1 000 万元，资本公积 400 万元；盈余公积 500 万元（全部为法定盈余公积），未分配利润 300 万元。当年，该企业实现

净利润 1 000 万元。已知，该企业按照净利润的 10% 提取法定盈余公积。不考虑其他因素，2×23 年末该企业盈余公积的金额为（　　）万元。

A. 500　　　　　B. 600　　　　　C. 100　　　　　D. 630

218. （多选题）下列各项中，最终不会导致所有者权益的总额发生变动的有（　　）。

A. 资本公积转增股本　　　　　B. 股东大会宣告分配现金股利

C. 转销无须偿还的应付账款　　D. 盈余公积弥补亏损

219. （判断题）企业回购本公司股票会导致所有者权益减少。（　　）

刷通关

220. （单选题）2×23 年 4 月 1 日，甲公司接受投资者投入一台需要安装的设备，该设备市场售价为 200 万元，与公允价值相符，增值税税额为 26 万元（由投资方支付税款，并提供增值税专用发票）；发生本公司安装人员工资 4 万元。2×23 年 4 月 10 日设备达到预定可使用状态。按合同约定，该投资计入实收资本的金额为 180 万元。不考虑其他因素，该项投资导致资本公积增加的金额为（　　）万元。

A. 20　　　　　B. 46　　　　　C. 24　　　　　D. 50

221. （单选题）2×23 年 6 月 30 日，某股份有限公司的股本为 5 000 万元（面值为 1 元），资本公积（股本溢价）为 1 000 万元，盈余公积为 1 600 万元。经股东大会批准，该公司回购本公司股票 200 万股并注销，回购价格为每股 3 元。不考虑其他因素，下列各项中，关于该公司注销全部库存股的会计处理结果正确的是（　　）。

A. 盈余公积减少 600 万元　　　B. 股本减少 600 万元

C. 资本公积减少 400 万元　　　D. 盈余公积减少 400 万元

222. （单选题）某企业 2×23 年初盈余公积为 100 万元。当年实现净利润为 500 万元，提取盈余公积 50 万元，用盈余公积转增资本 40 万元，用盈余公积向投资者分配现金股利 20 万元。不考虑其他因素，2×23 年末该企业盈余公积为（　　）万元。

A. 60　　　　　B. 90　　　　　C. 80　　　　　D. 40

223. （不定项选择题）甲公司为增值税一般纳税人，是由乙、丙公司于 2×21 年 1 月 1 日共同投资设立的一家有限责任公司。甲公司注册资本为 800 万元，乙公司和丙公司的持股比例分别为 60% 和 40%。2×23 年 1～3 月甲公司所有者权益相关的交易或事项如下：

（1）2×23 年初所有者权益项目期初余额分别为：实收资本 800 万元、资本公积 70 万元、盈余公积 100 万元、未分配利润 200 万元。

（2）2 月 23 日，经股东大会批准，甲公司对 2×22 年度实现的净利润进行分配，决定提取任意盈余公积 10 万元，分派现金股利 40 万元。

(3) 3 月 18 日，甲公司按照相关法定程序经股东大会批准，注册资本增加至
1 000 万元。接受丁公司投资一项价值 250 万元的专利技术，取得的增值税
专用发票上注明的价款为 250 万元（与公允价值相符），增值税进项税额为
15 万元（由投资方支付税款，并提供增值税专用发票），丁公司享有甲公司
20% 的股份。

要求： 根据上述资料，不考虑其他因素，分析回答下列小题。（答案中的金额单
位用万元表示）

(1) 根据资料（2），下列各项中，甲公司决定提取任意盈余公积和分派现金股利
的会计处理正确的是（　　）。

A. 提取盈余公积：

借：盈余公积——任意盈余公积 　　　　　　　　　　10

　　贷：利润分配——提取任意盈余公积 　　　　　　　　10

B. 决定分派现金股利：

借：盈余公积 　　　　　　　　　　40

　　贷：应付股利 　　　　　　　　　　40

C. 提取盈余公积：

借：利润分配——提取任意盈余公积 　　　　　　　　10

　　贷：盈余公积——任意盈余公积 　　　　　　　　10

D. 决定分派现金股利：

借：利润分配——应付现金股利或利润 　　　　　　　40

　　贷：应付股利 　　　　　　　　　　40

(2) 根据资料（3），下列各项中，关于甲公司接受专利技术投资的会计处理表述
正确的是（　　）。

A. 丁公司对甲公司的实际投资额应为 265 万元

B. 贷记"资本公积"科目 65 万元

C. 丁公司对甲公司的实际投资额应为 250 万元

D. 贷记"实收资本"科目 200 万元

(3) 根据资料（1）~（3），下列各项中，3 月末甲公司实收资本和权益份额表述
正确的是（　　）。

A. 丁公司的权益份额为 20%

B. 甲公司的实收资本总额为 1 000 万元

C. 丙公司的权益份额为 32%

D. 乙公司的权益份额为 48%

(4) 根据资料（1）~（3），2×23 年 3 月 31 日甲公司资产负债表中"未分配利
润"项目的"期末余额"栏填列正确的是（　　）万元。

A. 150　　　　　B. 160　　　　　C. 200　　　　　D. 190

(5) 根据资料（1）~（3），2×23 年 3 月 31 日甲公司资产负债表中"所有者权

益（或股东权益）合计"项目的"期末余额"栏填列正确的是（　　）万元。

　　A. 1 395　　　　　B. 1 435　　　　　C. 1 170　　　　　D. 1 385

224.（不定项选择题）2×23 年初，某上市公司股东权益总额为 35 300 万元，其中，股本 20 000 万元（面值为 1 元）、资本公积（股本溢价）7 000 万元、盈余公积 6 800 万元、未分配利润 1 500 万元。2×22 年该公司有关股东权益的业务资料如下：

（1）经股东大会批准，以现金回购方式回购并注销本公司股票 1 000 万股，回购价为每股 8.5 元。

（2）本年实现净利润 1 000 万元，提取法定盈余公积 100 万元。

（3）经股东大会批准，宣告发放现金股利 3 000 万元，其中使用可供投资者分配的利润 2 400 万元，盈余公积 600 万元。

要求： 根据上述资料，不考虑其他因素，分析回答下列小题。（答案中的金额单位用万元表示）

（1）根据期初资料和资料（1），下列各项中，有关回购并注销本公司股票的会计处理结果正确的是（　　）。

　　A. 股本减少 1 000 万元　　　　　B. 未分配利润减少 500 万元

　　C. 资本公积减少 7 000 万元　　　D. 银行存款减少 8 500 万元

（2）根据资料（2），下列各项中，该公司有关利润结转和分配的会计处理正确的是（　　）。

　　A. 结转本年实现的净利润时：

　　借：本年利润　　　　　　　　　　　　　　　　　　　　　1 000

　　　　贷：利润分配——未分配利润　　　　　　　　　　　　　　　　1 000

　　B. 结转本年实现的净利润时：

　　借：利润分配——未分配利润　　　　　　　　　　　　　　1 000

　　　　贷：本年利润　　　　　　　　　　　　　　　　　　　　　　　1 000

　　C. 提取盈余公积时：

　　借：利润分配——提取法定盈余公积　　　　　　　　　　　100

　　　　贷：盈余公积——法定盈余公积　　　　　　　　　　　　　　　100

　　D. 提取盈余公积时：

　　借：利润分配——未分配利润　　　　　　　　　　　　　　100

　　　　贷：盈余公积——法定盈余公积　　　　　　　　　　　　　　　100

（3）根据资料（3），下列各项中，该公司宣告发放现金股利会计处理结果正确的是（　　）。

　　A. 留存收益减少 3 000 万元　　　B. 银行存款减少 3 000 万元

　　C. 应付股利增加 3 000 万元　　　D. 未分配利润减少 3 000 万元

（4）根据资料（1）~（3），下列各项中，使该公司股东权益总额减少的业务是（　　）。

  A. 回购本公司股票

  B. 注销回购的股票

  C. 宣告用盈余公积派发现金股利

  D. 提取盈余公积

（5）根据期初资料、资料（1）~（3），该公司 2×23 年末所有者权益总额为
（　　）万元。

  A. 23 800   B. 24 800   C. 32 300   D. 33 300

225.（不定项选择题）甲有限责任公司（简称甲公司）由三位投资人共同出资设立，
注册资本为 1 500 万元，每位投资人均享有该公司 1/3 的股份。2×23 年初，甲公
司所有者权益各项目金额如下：实收资本 1 500 万元，资本公积 150 万元，盈余
公积 300 万元，未分配利润 150 万元（贷方余额）。2×23 年甲公司发生有关经济
业务如下：

（1）经股东会批准，甲公司按股东原出资比例将资本公积 150 万元转增资本。

（2）为扩大经营规模，引入新投资人，将公司注册资本增加到 2 200 万元，根据
  协议约定，新投资人投入银行存款 650 万元，享有甲公司注册资本的比例为
  25%。

（3）本年度实现净利润 400 万元，按照净利润的 10% 提取法定盈余公积。经股东
  会批准，按净利润的 30% 向投资者分配现金股利。

要求：根据上述资料，不考虑其他因素，分析回答下列小题。（答案中的金额单
位用万元表示）

（1）根据资料（1），下列各项中，甲公司以资本公积转增资本的会计处理正确的
  是（　　）。

  A. 所有者权益总额不变   B. 实收资本增加 150 万元

  C. 资产总额增加 150 万元   D. 资本公积减少 150 万元

（2）根据资料（2），下列各项中，甲公司引入新投资人投资的会计处理正确的是
  （　　）。

  A. 贷记"实收资本"科目 650 万元

  B. 贷记"资本公积"科目 100 万元

  C. 借记"银行存款"科目 650 万元

  D. 贷记"实收资本"科目 550 万元

（3）根据资料（3），下列各项中，甲公司年末结转净利润及利润分配的会计处理
  正确的是（　　）。

  A. 确认应向投资者分配的现金股利：

  借：利润分配——应付现金股利或利润   120

    贷：应付股利   120

  B. 提取法定盈余公积：

  借：利润分配——提取法定盈余公积   40

　　　　　贷：盈余公积——法定盈余公积　　　　　　　　　　　　　40

　　C. 年末结转净利润：

　　借：本年利润　　　　　　　　　　　　　　　　　　　　　400

　　　　　贷：利润分配——未分配利润　　　　　　　　　　　　400

　　D. 年末结转净利润：

　　借：利润分配——未分配利润　　　　　　　　　　　　　　400

　　　　　贷：本年利润　　　　　　　　　　　　　　　　　　400

（4）根据期初资料、资料（1）~（3），下列各项中，2×23 年 12 月 31 日甲公司的留存收益金额是（　　）万元。

　　A. 670　　　　　B. 730　　　　　　C. 700　　　　　　D. 770

（5）根据期初资料、资料（1）~（3），下列各项中，2×23 年 12 月 31 日甲公司资产负债表中相关项目"期末余额"栏填列正确的是（　　）。

　　A. "资本公积"项目 100 万元

　　B. "实收资本"项目 2 200 万元

　　C. "盈余公积"项目 340 万元

　　D. "所有者权益合计"项目 3 030 万元

第七章　收入、费用和利润

刷基础

226. （单选题）下列各项中，属于主营业务收入的是（　　）。

A. 工业企业销售产品收入

B. 工业企业销售原材料收入

C. 工业企业接受与日常活动无关的政府补助

D. 工业企业出租包装物的租金收入

227. （单选题）下列各项中，企业已经发出但不符合收入确认条件的商品成本借记的会计科目是（　　）。

A. 主营业务成本　　　　　　　　B. 发出商品

C. 销售费用　　　　　　　　　　D. 其他业务成本

228. （单选题）2×23 年 10 月 19 日，甲公司与乙公司签订赊销合同。合同约定，甲公司向乙公司销售 M 商品，价款 100 万元，甲公司将 M 商品全部交付后才有权收取。12 月 31 日，甲公司仅交付 80 万元 M 商品，剩余 20 万元 M 商品于次年 1 月末交付。不考虑税费等其他因素，甲公司下列会计处理正确的是（　　）。

A. 2×23 年 12 月 31 日：

借：应收账款　　　　　　　　　　　　　　　　　　　80

　　贷：主营业务收入　　　　　　　　　　　　　　　　　　80

B. 2×23 年 12 月 31 日：

借：合同资产　　　　　　　　　　　　　　　　　　100

　　贷：主营业务收入　　　　　　　　　　　　　　　　　100

C. 2×24 年 1 月 31 日：

借：应收账款　　　　　　　　　　　　　　　　　　100

　　贷：主营业务收入　　　　　　　　　　　　　　　　　100

D. 2×24 年 1 月 31 日：

借：应收账款　　　　　　　　　　　　　　　　　　100

　　贷：主营业务收入　　　　　　　　　　　　　　　　　20

　　　　合同资产　　　　　　　　　　　　　　　　　　　80

229. （单选题）某公司经营一家健身俱乐部。2×23 年 3 月 1 日，公司给客户办理健身会员卡，并收取一年会费 2 000 元。不考虑其他因素，该公司收到会员费时应贷记的会计科目是（　　）。

A. 应付账款

B. 合同负债

C. 应付债券

D. 主营业务收入

230. （单选题）（　　）是企业确认客户合同收入的前提。

A. 风险报酬的转移

B. 合同的存在

C. 控制权转移

D. 履行合同义务

231. （单选题）对于某一时点履行的履约义务，企业应在（　　）确认收入。

A. 实际收到货款时

B. 取得收取货款权利时

C. 将商品交给客户时

D. 客户取得相关商品控制权时

232. （单选题）某企业与客户签订一个工程建造合同，合同的总价款为 900 万元，工期为 4 个月。合同中约定，若提前 1 个月完工，客户将额外奖励该企业 20 万元，该企业估计该项工程提前 1 个月完工的概率是 90%，不考虑其他因素，该项业务的交易价格为（　　）万元。

A. 900

B. 918

C. 920

D. 810

233. （单选题）某企业向客户销售 M 和 N 两台设备，不含增值税的合同总价款为 400 万元，M、N 设备不含增值税的单独售价分别为 330 万元和 110 万元。不考虑其他因素，该企业销售 M 设备应分摊的交易价格为（　　）万元。

A. 110

B. 330

C. 100

D. 300

234. （单选题）某公司通过竞标取得一项 3 年期的保洁合同。为取得该合同，该公司聘请外部律师进行尽职调查支付相关费用 10 万元，为投标发生差旅费 2 万元，支付销售人员佣金 5 万元。该公司预期这些支出未来均能收回。不考虑其他因素，该公司计入合同取得成本金额为（　　）万元。

A. 15

B. 7

C. 5

D. 17

235. （单选题）2×23 年 12 月 1 日，甲公司与乙公司签订一份为期 3 个月的劳务合同，合同总价款为 120 万元（不含增值税），当日收到乙公司预付合同款 30 万元。截至月末该劳务合同的履约进度为 40%，符合按履约进度确认收入的条件。不考虑其他因素，甲公司 2×23 年 12 月应确认的劳务收入为（　　）万元。

A. 40

B. 12

C. 30

D. 48

236. （单选题）下列各项中，企业应通过"税金及附加"科目核算的是（　　）。

A. 确认应交的增值税

B. 确认应交的房产税

C. 确认代扣代缴的个人所得税

D. 确认应交的企业所得税

237. （单选题）下列各项中，应当通过"销售费用"科目核算的是（　　）。

   A. 专设销售机构的固定资产修理费用

   B. 销售商品本身的成本

   C. 销售机构发生的招待费

   D. 建造销售中心在筹建期发生的利息费用

238. （单选题）下列各项中，不应计入管理费用的是（　　）。

   A. 技术转让费　　　　　　　　　B. 聘请会计师事务所的费用

   C. 商品维修费　　　　　　　　　D. 研究费用

239. （单选题）甲公司为增值税一般纳税人。2×23年9月销售商品一批，开具的增值税专用发票注明的金额为100万元，增值税税额13万元，款项尚未收取；另以银行存款支付运输费0.7万元，装卸费0.3万元，上述费用均已取得增值税普通发票。不考虑其他因素，甲公司下列会计处理中，正确的是（　　）。

   A. 应收账款增加114万元

   B. 其他应收款增加1万元

   C. 销售费用增加1万元

   D. 应交税费——应交增值税（进项税额）增加13.06万元

240. （单选题）企业发生的下列业务中，应通过"财务费用"科目贷方核算的是（　　）。

   A. 利息收入

   B. 汇兑损失

   C. 销售商品给予客户的现金折扣

   D. 支付商业汇票承兑的手续费

241. （单选题）下列各项中，不通过"营业外收入"科目核算的是（　　）。

   A. 办公楼的毁损报废收益

   B. 企业从政府处无偿取得的，且与日常活动无关的政府补助

   C. 无法查明原因的现金溢余

   D. 控股股东对子公司的无偿捐赠

242. （单选题）下列各项中，属于营业外支出的是（　　）。

   A. 生产设备的减值损失

   B. 出售办公楼的净损失

   C. 库存商品因管理不当盘亏的净损失

   D. 对外捐赠专利权的支出

243. （单选题）下列各项中，关于本年利润转账方法表述正确的是（　　）。

   A. 表结法下会增加"本年利润"科目的结转环节和工作量

   B. 表结法下每月月末应将各损益类科目的余额结转记入"本年利润"科目

   C. 账结法下每月月末应将各损益类科目的余额结转记入"本年利润"科目

   D. 账结法下会减少"本年利润"科目的转账环节和工作量

244. （多选题）企业与客户之间的合同满足相关条件时，企业应在客户取得相关商品控制权时确认收入，下列各项中，属于相关条件的有（　　）。

    A. 合同各方已批准该合同并承诺将履行各自义务

    B. 合同具有商业实质

    C. 企业因向客户转让商品而有权取得的对价很可能收回

    D. 合同明确了合同各方与所转让商品相关的权利和义务

245. （多选题）收入确认与计量的五个步骤中，与收入确认有关的有（　　）。

    A. 识别与客户订立的合同

    B. 识别合同中的单项履约义务

    C. 将交易价格分摊至各单项履约义务

    D. 确定交易价格

246. （多选题）判定商品控制权是否发生转移时，企业应综合考虑的迹象有（　　）。

    A. 企业就该商品享有现时收款权利

    B. 企业已将该商品的法定所有权转移给客户

    C. 企业已将该商品实物转移给客户

    D. 企业已将该商品所有权上的主要风险和报酬转移给客户

247. （多选题）企业向客户授予的额外购买选择权的形式包括（　　）。

    A. 销售激励   B. 客户奖励积分

    C. 未来购买商品的折扣券   D. 合同续约选择权

248. （多选题）下列各项中，属于费用的有（　　）。

    A. 营业成本   B. 税金及附加

    C. 期间费用   D. 制造费用

249. （多选题）下列各项中，一定会影响利润总额计算的有（　　）。

    A. 收入   B. 费用   C. 利得   D. 损失

250. （多选题）下列各项中，企业在计算应纳税所得额时应在利润总额基础上进行纳税调增的内容有（　　）。

    A. 企业投资国债取得利息收入 5 000 元

    B. 企业支付的税收滞纳金 10 000 元

    C. 企业从其投资期限超过 1 年的居民企业取得的现金股利 30 000 元

    D. 企业支付超过企业所得税法规定标准的职工福利费 6 000 元

251. （多选题）企业采用账结法结转本年利润，期末应将其本期发生额结转至本年利润科目的有（　　）。

    A. 销售费用   B. 制造费用

    C. 研发支出   D. 信用减值损失

252. （判断题）甲公司销售货物开具的增值税普通发票注明的金额 113 万元（含增值税 13 万元），为该业务的交易价格。（　　）

253. （判断题）房地产企业向客户销售商品房，在客户付款后入住商品房时，表明企

业已将该商品房的法定所有权转移给客户。（　　）

254. （判断题）附有销售退回条款的销售，在资产负债表日，企业应当重新估计未来销售退回的情况，并对上述资产和负债进行重新计量，如有变化，应当作为会计政策变更进行会计处理。（　　）

刷提高

255. （单选题）某企业为建筑施工单位，2×23年9月1日与客户签订一份施工合同，属于在某一时段内履行的单项履约义务。合同总金额为3 500万元，预计总成本为2 000万元。截至2×23年12月31日，该企业为履行合同履约义务实际发生成本800万元，履约进度不能合理确定，已经发生的成本预计能够得到补偿。不考虑相关税费和其他因素，2×23年该企业应确认的收入为（　　）万元。

A. 2 000
B. 1 400
C. 800
D. 2 100

256. （单选题）2×23年3月1日，甲公司向乙公司销售一批商品共5万件，每件售价80元，每件成本60元。双方签订的销售合同约定，2×23年5月31日前出现质量问题的商品可以退回。甲公司销售当日预计该批商品退货率为10%。2×23年3月31日，甲公司根据最新情况重新预计商品退货率为8%，假定不考虑增值税等相关税费。3月份未发生退货，则甲公司2×23年3月份的会计处理表述中，正确的是（　　）。

A. 3月份不确认收入
B. 3月份不需要对预计退货部分作处理
C. 3月份确认收入360万元
D. 3月份确认收入368万元

257. （单选题）甲公司实际缴纳增值税390万元，消费税90万元，城市维护建设税33.6万元，教育费附加14.4万元。假定不考虑其他税金，则计入税金及附加的金额为（　　）万元。

A. 528
B. 48
C. 438
D. 138

258. （单选题）2×23年，某企业发生下列经济业务：出售商品确认收入500万元，结转已销商品成本300万元，出售自用设备实现净收益50万元，确认存货跌价损失30万元，确认捐赠支出10万元。不考虑其他因素，2×23年该企业确认的营业利润为（　　）万元。

A. 210
B. 170
C. 220
D. 190

259. （单选题）某企业本年实现利润总额192万元，当年发生的管理费用中不得税前抵扣的金额为 8 万元，企业所得税税率为 25%，不考虑其他因素，该企业本年的净利润为（　　）万元。

A. 142

B. 192

C. 144

D. 146

260. （多选题）下列业务中，属于某一时段履行的履约义务的有（　　）。

A. 甲公司向乙公司提供的保洁服务

B. 丙建筑公司向丁公司提供的生产厂房建造服务

C. 戊会计师事务所向己公司提供的审计服务

D. 庚公司向辛公司销售的日化用品

261. （多选题）关于期间费用的下列表述中，正确的有（　　）。

A. 随商品销售不单独计价的包装物会增加销货方销售费用的总额

B. 市场部门发生的招待费会增加管理费用的总额

C. 以自产的应交消费税的商品作为非货币性职工福利发放给财务部员工会增加财务费用总额

D. 以非合并方式取得的长期股权投资所支付的律师费与审计费，会增加管理费用总额

262. （多选题）下列各项中，会产生可抵扣暂时性差异的有（　　）。

A. 资产的账面价值大于其计税基础

B. 资产的账面价值小于其计税基础

C. 负债的账面价值大于其计税基础

D. 负债的账面价值小于其计税基础

263. （判断题）企业与客户签订合同，向其销售商品并提供安装服务。若该安装服务复杂且商品需要按客户定制要求修改，则合同中销售商品和提供安装服务为两项单项履约义务。（　　）

264. （判断题）回购价格明显高于该商品回购时的市场价值时，通常表明客户有行权的重大经济动因。（　　）

刷易错

265. （单选题）某企业发生的下列经济业务中，仅包含一项单项履约义务的是（　　）。

A. 销售大型起重设备并提供安装服务，但是该安装服务其他企业也可提供

B. 销售专项研发设备并提供安装服务，该安装服务复杂且设备需按客户定制要求修改

C. 向客户销售 M、N 两种模式不同，可明确区分的商品

D. 销售智能手机的同时销售手机保险服务

266.（单选题）下列各项中，影响企业营业利润结果的业务是（　　　）。

A. 确认无形资产减值损失　　　　　B. 确认所得税费用

C. 捐赠支出　　　　　　　　　　　D. 接受捐赠利得

267.（多选题）对于企业负有应客户要求回购商品义务的售后回购交易，下列表述中正确的有（　　　）。

A. 客户具有行使该要求权重大经济动因，回购价格低于原售价的，应当视为租赁交易

B. 客户不具有行使该要求权重大经济动因，回购价格低于市场价的，应当视为租赁交易

C. 客户具有行使该要求权重大经济动因，回购价格不低于原售价的，应当视为融资交易

D. 客户不具有行使该要求权重大经济动因，回购价格低于市场价的，应当将其作为附有销售退回条款的销售交易进行会计处理

268.（判断题）企业按期摊销合同取得成本，应将摊销额计入销售费用。（　　　）

刷通关

269.（单选题）甲商场系增值税一般纳税人，适用增值税税率为13%。2×23年春节期间为进行促销，该商场规定购物每满200元积10分，不足200元部分不积分，积分可在一年内兑换成与积分等值的商品。某顾客购买了售价为5 000元、成本为4 000元的服装，预计该顾客将在有效期限内兑换全部积分。假定不考虑增值税等因素，因该顾客购物商场应确认的收入为（　　　）元。

A. 4 707.5　　　　　　　　　　　B. 4 761.9

C. 4 750　　　　　　　　　　　　D. 5 000

270.（单选题）甲公司2×23年实现营业收入1 000万元，发生营业成本600万元，税金及附加20万元，管理费用70万元（含无形资产研究阶段支出50万元），营业外支出15万元。不考虑其他因素，甲公司2×23年的营业利润为（　　　）万元。

A. 400　　　　　　　　　　　　　B. 295

C. 310　　　　　　　　　　　　　D. 360

271.（单选题）2×23年6月，某企业因财产纠纷诉讼败诉导致丧失对郊区某仓库的所有权。该仓库初始入账价值为100万元，累计折旧35万元，企业支付财产纠纷诉讼费10万元，律师服务费5万元。不考虑其他因素，2×23年6月企业转销仓库计入营业外支出的金额为（　　　）万元。

A. 80　　　　　　　　　　　　　　B. 15

C. 45　　　　　　　　　　　　　　D. 65

272.（单选题）某企业2×23年当期所得税费用为650万元，递延所得税负债的年初数

为 45 万元，年末数为 58 万元；递延所得税资产的年初数为 32 万元，年末数为 36 万元。不考虑其他因素，该企业 2×23 年应确认的所得税费用为 （   ）万元。

A. 650
B. 633
C. 659
D. 667

273. （单选题）某企业适用的所得税税率为 25%。2×23 年度实现利润总额（税前会计利润） 3 000 万元，其中，国债利息收入 180 万元，支付税收滞纳金 30 万元。假定不考虑递延所得税因素，该企业 2×23 年应确认的所得税费用为 （   ）万元。

A. 712.5
B. 787.5
C. 750
D. 697.5

274. （多选题）下列关于收入的表述中，不正确的有 （   ）。

A. 售后回购交易如果属于融资交易，企业不应确认销售商品收入

B. 某些情况下企业在销售产品或提供劳务的同时会授予客户奖励积分，在销售产品或提供劳务的同时，应当将销售取得的货款一次性确认为收入

C. 对于附有销售退回条款的销售，企业应在客户取得相关商品控制权时，按照因向客户转让商品而预期有权收取的对价金额（包含预期因销售退回将退回的金额）确认收入

D. 对附有销售退回的商品销售，期末应对原退货率重新估计并进行调整

275. （多选题）某企业发生的下列业务中，应记入"管理费用"科目贷方的有 （   ）。

A. 无法查明原因的现金短缺
B. 财产清查中盘盈的原材料
C. 出租管理用无形资产计提的摊销
D. 年末结转管理费用

276. （多选题）下列关于企业所得税费用的表述，正确的有 （   ）。

A. 期末应将所得税费用余额结转记入"本年利润"科目

B. 所得税费用通过"税金及附加"科目核算

C. 利润总额减去所得税费用为净利润

D. 所得税费用由当期所得税和递延所得税组成

277. （判断题）企业提供的额外购买选择权构成单项履约义务的，企业应当按照交易价格分摊的相关原则，将交易价格分摊至该履约义务。（   ）

278. （不定项选择题）甲公司是一家装修企业，为增值税一般纳税人，2×23 年 12 月该公司发生如下业务：

（1）1 日，甲公司通过竞标与乙公司签订一项服务期为 20 个月的装修合同，合同约定不含税装修价款为 3 200 万元。为取得该合同，甲公司支付因投标而发生的差旅费 6 万元，支付咨询费 3 万元，另支付促成合同的中介机构佣金 15 万元，全部款项通过银行存款支付。甲公司预期上述支出未来均能收回。

（2）当月，甲公司为履行与乙公司的合同，累计发生装修成本 100 万元，其中：装修人员薪酬为 50 万元，水电费 10 万元，装修设备折旧费 40 万元。水电费已通过银行存款支付，装修人员薪酬尚未支付。为完成该合同甲公司估

计还将发生装修成本 1 900 万元。

（3）31 日，甲公司收到乙公司支付的合同价款 160 万元和增值税税额 14.4 万元，全部款项已收存银行并开具增值税专用发票给乙公司。甲公司确认当月合同收入并结转合同履约成本，采用与相关合同收入确认相同的基础对合同取得成本、合同履约成本进行摊销。该装修合同属于在某一时段内履行的单项履约义务，甲公司按照累计实际发生的成本占预计总成本的比例确定履约进度。

要求：根据上述资料，不考虑其他因素，分析回答下列小题。（答案中的金额单位用万元表示）

（1）根据资料（1），下列各项中，甲公司为取得合同发生的支出会计处理正确的是（　　）。

  A. 支付促成合同的中介机构佣金时：

    借：管理费用   15

      贷：银行存款   15

  B. 支付咨询费时：

    借：管理费用   3

      贷：银行存款   3

  C. 支付促成合同的中介机构佣金时：

    借：合同取得成本   15

      贷：银行存款   15

  D. 支付因投标而发生的差旅费时：

    借：管理费用   6

      贷：银行存款   6

（2）根据资料（2），下列各项中，关于甲公司发生装修成本会计处理表述正确的是（　　）。

  A. 借记"合同履约成本"科目 100 万元

  B. 贷记"累计折旧"科目 40 万元

  C. 贷记"应付职工薪酬"科目 50 万元

  D. 贷记"银行存款"科目 10 万元

（3）根据资料（1）~（3），下列各项中，关于甲公司确认当月合同收入并结转当月合同履约成本的会计处理正确的是（　　）。

  A. 结转当月合同履约成本：

    借：主营业务成本   160

      贷：合同履约成本   160

  B. 确认当月合同收入：

    借：银行存款   174.4

      贷：主营业务收入   100

        应交税费——应交增值税（销项税额）   14.4

　　　　　　合同负债　　　　　　　　　　　　　　　60

　　C. 确认当月合同收入：

　　　　借：银行存款　　　　　　　　　　　　　174.4

　　　　　　贷：主营业务收入　　　　　　　　　160

　　　　　　　　应交税费——应交增值税（销项税额）　14.4

　　D. 结转当月合同履约成本：

　　　　借：主营业务成本　　　　　　　　　　　100

　　　　　　贷：合同履约成本　　　　　　　　　100

（4）根据资料（1）~（3），下列各项中，关于甲公司合同取得成本摊销的会计处理表述正确的是（　　）。

　　A. 贷记"合同取得成本"科目 0.75 万元

　　B. 借记"销售费用"科目 0.75 万元

　　C. 贷记"合同取得成本"科目 1.05 万元

　　D. 借记"管理费用"科目 0.9 万元

（5）根据资料（1）~（3），甲公司相关业务对 2×23 年 12 月利润表"营业利润"项目的影响金额是（　　）万元。

　　A. 60　　　　　　　　　　　　B. 36

　　C. 50.25　　　　　　　　　　D. 51

279.（不定项选择题） 甲公司为增值税一般纳税人，2×23 年 12 月发生经济业务如下：

（1）1 日，向乙公司销售 M 产品一批，开具的增值税专用发票上注明的价款为 500 万元，增值税税额为 65 万元，该批产品实际成本为 350 万元。乙公司收到产品并验收入库，同时开出一张面值为 565 万元的商业承兑汇票结算全部款项。甲公司销售 M 产品符合收入确认条件，确认收入的同时结转销售成本。

（2）5 日，以银行存款支付下列款项：专设销售机构的办公设备日常维修费 5.5 万元、增值税税额 0.715 万元，中介机构服务费 3 万元、增值税税额 0.18 万元，所支付的款项均已取得增值税专用发票。维修费及中介机构服务费全部计入当期损益。

（3）20 日，因自然灾害造成一批库存商品毁损，实际成本为 7 万元。根据保险合同约定，由保险公司赔偿 4 万元，赔偿款尚未收到。

（4）31 日，将一项专利权转让给丙公司实现净收益 10 万元。

要求： 根据上述资料，不考虑其他因素，分析回答下列小题。

（1）根据资料（1），下列各项中，甲公司销售 M 产品的会计处理正确的是（　　）。

　　A. 借：应收票据　　　　　　　　　　　　565

　　　　　贷：主营业务收入　　　　　　　　　500

　　　　　　　应交税费——应交增值税（销项税额）　65

B. 借：应收票据　　　　　　　　　　　　　　　　565

　　贷：其他业务收入　　　　　　　　　　　　　　500

　　　　应交税费——应交增值税（销项税额）　　　　 65

C. 借：其他业务成本　　　　　　　　　　　　　　350

　　贷：库存商品　　　　　　　　　　　　　　　　350

D. 借：主营业务成本　　　　　　　　　　　　　　350

　　贷：库存商品　　　　　　　　　　　　　　　　350

（2）根据资料（2），下列各项中，甲公司支付维修费及中介机构服务费的会计处理正确的是（　　）。

A. 确认销售费用 5.5 万元　　　　　　 B. 确认管理费用 8.5 万元

C. 确认管理费用 3 万元　　　　　　　 D. 确认销售费用 6.215 万元

（3）根据资料（3），下列各项中，甲公司库存商品毁损的会计处理表述正确的是（　　）。

A. 库存商品损毁的净损失为 7 万元

B. 发生库存商品损毁时应借记"待处理财产损溢"科目

C. 库存商品损毁的净损失应计入营业外支出

D. 尚未收到的保险公司赔偿款应计入其他应收款

（4）根据资料（4），下列各项中，甲公司转让专利权的净收益应记入的会计科目是（　　）。

A. 营业外收入　　　　　　　　　　　 B. 其他业务收入

C. 投资收益　　　　　　　　　　　　 D. 资产处置损益

（5）根据资料（1）～（4），甲公司 2×23 年 12 月实现的利润总额为（　　）万元。

A. 148.5　　　　　　　　　　　　　 B. 150

C. 151.5　　　　　　　　　　　　　 D. 141.5

280.（不定项选择题）2×23 年度，甲公司发生的与销售相关的交易或事项如下：

（1）2×23 年 10 月 1 日，甲公司推出一项 7 天节日促销活动。截至 2×23 年 10 月 7 日现销成本为 300 万元、售价为 410 万元的商品，并发放了面值为 100 万元的消费券，消费券于次月 1 日可以开始使用，有效期为三个月，根据历史经验，甲公司估计消费券的使用率为 90%。

（2）2×23 年 1 月 1 日，甲公司与乙公司签订一项设备安装合同。安装期为 4 个月，合同总价款为 200 万元，当日甲公司预收合同款 150 万元，截至 2×23 年 12 月 31 日，甲公司实际发生安装费用 96 万元，估计还将发生安装费用 64 万元。

（3）2×23 年 12 月 31 日，甲公司向丙公司销售 200 件商品，单位销售价格为 1 万元，单位成本为 0.8 万元，商品控制权已转移，款项已收存银行，根据合同约定，丙公司在 2×23 年 12 月 31 日之前有权退货。根据历史经验，甲公司估计该批商品的退货率为 5%。

假定不考虑增值税等相关税费及其他因素。

要求： 根据上述资料，分析回答下列小题。

（1）根据资料（1），甲公司 2×23 年 10 月节日促销活动应确认的收入为（　　）万元。

A. 410　　　　　B. 510　　　　　C. 500　　　　　D. 336.2

（2）根据资料（1），甲公司对于 2×23 年 10 月节日促销活动的会计处理正确的有（　　）。

A. 确认主营业务收入 410 万元　　　B. 确认合同负债 73.8 万元

C. 确认主营业务成本 300 万元　　　D. 确认预计负债 100 万元

（3）根据资料（2），甲公司 2×23 年提供设备安装服务应确认的收入为（　　）万元。

A. 200　　　　　B. 150　　　　　C. 120　　　　　D. 0

（4）根据资料（3），甲公司 2×23 年 12 月 31 日销售商品时应确认的收入为（　　）万元。

A. 200　　　　　B. 160　　　　　C. 0　　　　　D. 190

（5）根据资料（3），关于甲公司此项交易的正确说法有（　　）。

A. 预计负债增加 10 万元

B. 主营业务成本增加 160 万元

C. 应收退货成本增加 8 万元

D. 营业利润增加 38 万元

281.（**不定项选择题**）甲企业为增值税一般纳税人，适用的所得税税率为 25%。2×23 年 1 月 1 日，递延所得税资产为 50 万元，递延所得税负债为 80 万元。本年有关业务资料如下：

（1）年初自行建造一座新的厂房，以银行存款购入建造工程用的各种物资 100 万元，增值税专用发票上注明的税额 13 万元，全部用于工程建设。另外，领用本企业生产的水泥一批，实际成本 60 万元；应计工程人员薪酬 20 万元。支付安装费，取得增值税专用发票上注明的金额 7 万元，增值税税额 0.63 万元。年末，该建造工程尚未完工，但工程出现减值迹象，经减值测试该在建工程的可回收金额为 160 万元。

（2）7 月 1 日，购入乙企业发行的股票 50 万股（占乙企业发行股票总数的 2%），每股 10.2 元（含已宣告但尚未发放的现金股利 0.2 元），另支付交易费用 5 万元。甲企业将其划分为交易性金融资产进行管理和核算。9 月 30 日，该股票市价为每股 11 元；12 月 31 日，该股票市价为每股 11.5 元。

（3）当年甲企业发生职工福利费 160 万元，税法规定允许扣除 140 万元；发生公益性捐赠支出 50 万元，税法规定允许扣除 60 万元；发生营业外支出 20 万元，其中包含环境污染罚款 8 万元，合同违约罚款 7 万元。

(4) 当年甲企业实现利润总额500万元（含上述业务），年末递延所得税资产余额40万元，递延所得税负债余额100万元。

要求：根据上述资料，不考虑其他因素，分析回答下列小题。

(1) 根据资料（1），下列各项中，甲企业的会计处理正确的是（   ）。

A. 购入建造工程用的各种物资：

借：在建工程 100

应交税费——应交增值税（进项税额） 13

贷：银行存款 113

B. 领用本企业生产的水泥：

借：在建工程 60

贷：库存商品 60

C. 应计工程人员薪酬：

借：在建工程 20

贷：应付职工薪酬 20

D. 建造工程发生减值：

借：资产减值损失 27

贷：在建工程减值准备 27

(2) 根据资料（2），甲企业关于乙企业股权投资的会计处理正确的是（   ）。

A. 2×23年7月1日，"交易性金融资产——成本"科目借方增加510万元

B. 2×23年7月1日，"投资收益"科目借方增加5万元

C. 2×23年9月30日，"公允价值变动损益"科目借方增加40万元

D. 2×23年12月31日，"公允价值变动损益"科目贷方增加25万元

(3) 根据资料（3），下列各项中，甲企业应纳税所得额的调整正确的是（   ）。

A. 职工福利费调增应纳税所得额20万元

B. 公益性捐赠支出调减应纳税所得额10万元

C. 营业外支出调增应纳税所得额8万元

D. 营业外支出调增应纳税所得额15万元

(4) 根据资料（4），下列各项中，甲企业当期所得税费用的金额是（   ）万元。

A. 155   B. 162   C. 157   D. 160

(5) 根据资料（4），下列各项中，甲企业关于所得税的会计处理正确的是（   ）。

A. 借：所得税费用 155

贷：应交税费——应交所得税 125

递延所得税负债 20

递延所得税资产 10

B. 借：所得税费用　　　　　　　　　　　　　　162

　　贷：应交税费——应交所得税　　　　　　　　　　132

　　　　递延所得税负债　　　　　　　　　　　　　　20

　　　　递延所得税资产　　　　　　　　　　　　　　　10

C. 借：所得税费用　　　　　　　　　　　　　　157

　　贷：应交税费——应交所得税　　　　　　　　　　127

　　　　递延所得税负债　　　　　　　　　　　　　　20

　　　　递延所得税资产　　　　　　　　　　　　　　　10

D. 借：所得税费用　　　　　　　　　　　　　　160

　　贷：应交税费——应交所得税　　　　　　　　　　130

　　　　递延所得税负债　　　　　　　　　　　　　　20

　　　　递延所得税资产　　　　　　　　　　　　　　　10

第八章　财务报告

刷基础

282.（单选题）下列关于资产负债表的表述中，不正确的是（　　）。

  A. 编制依据为基本会计等式

  B. 我国企业的资产负债表采用账户式结构

  C. 资产项目是按照流动性强弱排列

  D. 负债和所有者权益是按照流动性强弱排序

283.（单选题）下列各项中，应当根据有关科目余额减去其备抵科目余额后的净额填列的是（　　）。

  A. 应收款项融资　　　　　　　　B. 交易性金融资产

  C. 其他债权投资　　　　　　　　D. 持有待售资产

284.（单选题）"应付账款"科目所属明细科目的期末余额在借方，填制资产负债表时应将其借方余额列入的资产负债表项目是（　　）。

  A. 应收账款　　　B. 预收账款　　　C. 应付账款　　　D. 预付账款

285.（单选题）2×23 年 12 月 31 日，甲公司"固定资产"账户借方余额为 5 000 万元，"累计折旧"账户贷方余额为 2 800 万元，"固定资产减值准备"账户贷方余额为 400 万元，"固定资产清理"账户借方余额为 60 万元。不考虑其他因素，甲公司 2×23 年 12 月 31 日资产负债表中"固定资产"项目金额为（　　）万元。

  A. 2 600　　　　B. 2 540　　　　C. 1 740　　　　D. 1 860

286.（单选题）下列各项中，关于利润表的表述不正确的是（　　）。

  A. 是反映企业在一定会计期间的经营成果的报表

  B. 依据"收入－费用＝利润"这一会计等式编制

  C. 我国企业采用单步式报表

  D. 是动态报表

287.（单选题）关于利润表项目本期金额填列方法的下列表述中，不正确的是（　　）。

  A. "税金及附加"项目按照"税金及附加"科目的发生额分析填列

  B. "研发费用"项目按照"研发费用"科目的发生额分析填列

  C. "财务费用"项目按照"财务费用"科目的相关明细科目发生额分析填列

  D. "所得税费用"项目按照"所得税费用"科目的发生额分析填列

288.（单选题）下列各项中，应列入利润表"营业收入"项目的是（　　）。

A. 出租办公楼收取的租金   B. 转让生产设备取得的净收益

C. 接受捐赠取得的材料   D. 按持股比例取得的现金股利

289. （单选题）2×23 年甲企业实现主营业务收入 800 万元，其他业务收入 300 万元，营业外收入 50 万元。不考虑其他因素，甲企业 2×23 年利润表中"营业收入"项目的列报金额为（　　）万元。

A. 800   B. 1 100   C. 1 150   D. 850

290. （单选题）下列各项中，不属于现金与现金等价物的是（　　）。

A. 库存现金   B. 其他货币资金

C. 流通期限为 6 个月的债权投资   D. 可转让定期存单

291. （单选题）企业购买原材料支付的增值税进项税额，属于经营活动产生的现金流量中的（　　）。

A. 支付的各项税额

B. 购买商品、接受劳务支付的现金

C. 支付的其他与经营活动有关的现金

D. 收到的税收返还

292. （单选题）下列各项中，属于"投资活动产生的现金流量"项目的是（　　）。

A. 购建固定资产支付的现金

B. 发行股票、债券收到的现金

C. 广告宣传支付的现金

D. 购买商品支付的现金

293. （单选题）下面关于所有者权益变动表各项目金额间关系的表达式中，不正确的是（　　）。

A. 本年年末余额 = 本年年初余额 + 本年增减变动金额

B. 本年年初余额 = 上年年末余额 + 会计政策变更、前期差错更正及其他变动

C. 本年增减变动金额 = 综合收益总额 ± 所有者投入和减少资本 ± 利润分配 ± 所有者权益内部结转

D. 所有者权益合计 = 实收资本（或股本）+ 其他权益工具 + 资本公积 + 其他综合收益 + 未分配利润

294. （多选题）一套完整的财务报表至少应当包括（　　）。

A. 资产负债表   B. 利润表

C. 现金流量表   D. 年度财务预算报表

295. （多选题）下列各项中，属于资产负债表填列方法的有（　　）。

A. 根据总账科目余额填列

B. 根据明细账科目余额计算填列

C. 根据总账科目与明细账科目余额分析填列

D. 根据有关科目余额减去其备抵科目余额后的净额填列

296. （多选题）下列各项中，企业应在资产负债表的非流动负债项目内列示的有

（　　　）。

A. 从银行借入的 5 年期的贷款

B. 按年付息还本的债券确认的未付利息

C. 以分期付款方式购入的发生的偿还期为 1 年以上的应付款项

D. 将于 1 年内偿还的长期借款

297. (多选题) 下列项目中，在利润表列示的有（　　　）。

A. 其他综合收益的税后净额　　　　B. 每股收益

C. 信用减值损失　　　　　　　　　D. 递延收益

298. (多选题) 甲公司为编制财务会计报告作出的下列会计处理中，符合要求的有（　　　）。

A. 采用权责发生制编报现金流量表

B. 以持续经营为基础编制财务报表

C. 将子公司的投资性房地产的后续计量模式由成本模式调整为与甲公司相同的公允价值模式

D. 将原材料、在产品、库存商品等不具有重要性的项目汇总列报为存货项目

299. (多选题) 下列各项中，企业应当在所有者权益变动表上单独列示的有（　　　）。

A. 综合收益总额

B. 会计政策变更和差错更正的累积影响金额

C. 所有者投入资本和向所有者分配利润

D. 提取的盈余公积

300. (多选题) 下列各项中，属于企业应在财务报表附注中披露的内容有（　　　）。

A. 财务报表的编制基础

B. 重要的会计政策和会计估计

C. 会计政策和会计估计变更以及差错更正的说明

D. 报表重要项目的说明

301. (判断题) 综合收益总额需要在所有者权益变动表单独列示。（　　　）

302. (判断题) 资产负债表中"短期借款"项目期末余额应根据"短期借款"总账科目的余额直接填列。（　　　）

303. (判断题) 债务重组中因处置非流动资产产生的利得或损失应在利润表的"资产处置收益"项目中列示。（　　　）

304. (判断题) 企业购建固定资产支付的现金，应在现金流量表"经营活动产生的现金流量"项目填列。（　　　）

刷提高

305. (单选题) 某公司 2×23 年下列会计科目余额为："生产成本"借方余额 20 万元，

"原材料"借方余额 30 万元,"材料成本差异"贷方余额 8 万元,"工程物资"借方余额 15 万元。2×23 年 12 月 31 日,该公司资产负债表中"存货"项目期末余额应列报的金额为(　　)万元。

　A. 78　　　　　　　B. 57　　　　　　　C. 42　　　　　　　D. 62

306. (单选题)2×23 年 12 月 31 日,甲公司"长期待摊费用"账户余额 3 600 万元,其中摊销期限为 10 年的,金额 2 000 万元;摊销期限为 5 年的,金额 1 000 万元;摊销期限为 3 年的,金额 600 万元。不考虑其他因素,2×23 年 12 月 31 日甲公司资产负债表中"长期待摊费用"项目金额为(　　)万元。

　A. 3 600　　　　　B. 3 400　　　　　C. 3 200　　　　　D. 3 000

307. (单选题)下列各项中,会引起现金流量净额发生变动的是(　　)。

　A. 申请开具银行汇票

　B. 以银行存款购买 3 个月内到期的债券

　C. 到期无力偿还的银行承兑汇票

　D. 以生产设备换取专利权,并收取补价

308. (多选题)下列各项中,应在资产负债表"应付账款"项目列报的有(　　)。

　A. "应付账款"明细科目的借方余额

　B. "应付账款"明细科目的贷方余额

　C. "预收账款"明细科目的借方余额

　D. "预付账款"明细科目的贷方余额

309. (多选题)下列业务中,能够引起利润表"利润总额"项目发生增减变动的有(　　)。

　A. 权益法核算的长期股权投资中,被投资单位持有的其他债权投资发生公允价值变动

　B. 自用房产转为以公允价值计量的投资性房地产时,公允价值低于账面价值的差额

　C. 自然灾害导致的固定资产净损失

　D. 应收账款发生预期信用损失

310. (多选题)2×23 年 7 月,甲公司发生如下与货币资金有关的经济业务:支付差旅费 3 500 元,代扣代缴员工个人所得税 18 300 元,支付短期借款利息 5 000 元,支付专利权研究阶段支出 11 700 元,处置报废生产设备取得价款 10 000 元。不考虑其他因素,2×23 年甲公司现金流量表相关项目编制正确的有(　　)。

　A. 经营活动产生的现金流量为 –33 500 元

　B. 筹资活动产生的现金流量为 –16 700 元

　C. 投资活动产生的现金流量为 –1 700 元

　D. 现金及现金等价物净增加额为 –28 500 元

311. (判断题)其他综合收益的税后净额仅包括将重分类进损益的其他综合收益项目。(　　)

刷易错

312. （单选题）下列各项中，关于资产负债表"应收账款"项目填列方法表述正确的是（　　）。

A. 根据"应收账款"科目的期末余额填列

B. 根据"应收账款"和"预收账款"科目所属各明细科目的期末借方余额合计数填列

C. 根据"应收账款"和"预收账款"科目所属各明细科目的期末借方余额合计数减去"坏账准备"科目中相关坏账准备期末余额后的净额填列

D. 根据"应收账款"科目的期末余额，减去"坏账准备"科目中相关坏账准备期末余额后的金额分析填列

313. （单选题）某企业 2×23 年管理部门发生招待费 80 万元，支付生产工人辞退补偿金 220 万元，购买管理部门办公用品 5 万元，支付管理人员薪酬 55 万元。不考虑其他因素，该企业 2×23 年列入利润表"管理费用"项目的本期金额是（　　）万元。

A. 360　　　　　　　B. 140　　　　　　　C. 280　　　　　　　D. 60

314. （单选题）关于现金流量表填制的下列说法中，正确的是（　　）。

A. 企业代扣代缴的个人所得税，应在现金流量表的"支付的各项税费"项目中列示

B. 企业经营租入生产线支付的租金，应在现金流量表的"支付的其他与经营活动有关的现金"项目中列示

C. 企业处置因自然灾害毁损的办公楼的过程中收取的保险赔偿金，应在现金流量表的"收回投资收到的现金"项目中列示

D. 企业发行股票筹集资金所发生的审计费用，应在现金流量表的"支付的其他与经营活动有关的现金"项目中列示

315. （多选题）下列业务中，既会影响营业利润又会影响利润总额的有（　　）。

A. 非同一控制下企业合并中，投资方支付的评估费

B. 为特定客户设计产品所发生的、可直接认定的产品设计费用

C. 对应收账款计提的坏账准备

D. 财产清查中盘亏的固定资产

316. （判断题）企业向银行借入的长期借款将于资产负债表日后一年内到期的，应在资产负债表中"长期借款"项目填列。（　　）

刷通关

317. （单选题）下列各项中，影响资产负债表中期初留存收益的是（　　）。

A. 因台风造成的 M 材料毁损　　　　B. 盘盈一台生产设备

C. 出售以成本模式计量的投资性房地产　D. 转销无法支付的甲公司货款

318.（单选题）编制利润表的主要依据是（　　　）。

A. 损益类各账户的本期发生额

B. 损益类各账户的期末余额

C. 资产、负债及所有者权益各账户的本期发生额

D. 资产、负债及所有者权益各账户的期末余额

319.（单选题）2×23 年 12 月，甲公司缴纳如下税款：增值税 65 万元，消费税 15 万元（建造不动产领用应税消费品），城市维护建设税 5.6 万元，教育费附加 2.4 万元，房产税 10 万元，印花税 2 万元。不考虑其他因素，甲公司 2×23 年利润表"税金及附加"项目本期金额为（　　　）万元。

A. 100　　　　　　　B. 20　　　　　　　C. 35　　　　　　　D. 25

320.（单选题）2×23 年 9 月，某企业发生如下交易或事项：支付咨询费用 15 万元，出售专利权实现净收益 20 万元，对外公益性捐赠支出 10 万元，支付合同违约金 13 万元。不考虑其他因素，上述业务影响该企业 2×23 年 9 月利润表中"营业利润"的金额是（　　　）万元。

A. 5　　　　　　　　B. 25　　　　　　　C. 23　　　　　　　D. 48

321.（单选题）下列关于"销售商品、提供劳务收到的现金"项目的说法中，不正确的是（　　　）。

A. 包含向购买者收取的增值税销项税额

B. 销售废品的收入应计入本项目中

C. 应收账款的期末余额高于期初余额会减少本项目的现金流量

D. 当期计提的坏账准备也会减少本项目的现金流量

322.（单选题）下列项目中，应在所有者权益变动表中反映的是（　　　）。

A. 支付职工薪酬　　　　　　　　　　B. 盈余公积转增股本

C. 赊购商品　　　　　　　　　　　　D. 购买商品支付的现金

323.（多选题）下列应在资产负债表"其他应收款"项目填列的有（　　　）。

A. 确认被投资方已宣告但尚未发放的现金股利

B. 支付的租入包装物押金

C. 为购买方代垫的商品包装费

D. 为职工代垫的房租

324.（多选题）下列各项中，应列入利润表"资产处置收益"项目的有（　　　）。

A. 出售生产设备取得的收益　　　　　B. 出售包装物取得的收入

C. 出售原材料取得的收入　　　　　　D. 出售专利权取得的收益

325.（多选题）下列各项中，属于经营活动产生现金流量的项目有（　　　）。

A. 购建固定资产支付的现金　　　　　B. 购买债券支付的现金

C. 广告宣传支付的现金　　　　　　　D. 购买商品支付的现金

326. （判断题）利润表中"所得税费用"项目的本期金额等于当期所得税，而不应考虑递延所得税。（　　）

327. （判断题）企业向地方政府支付的违规排污罚款，应计入现金流量的"支付的其他与经营活动有关的现金流量"项目。（　　）

328. （不定项选择题）甲公司为增值税一般纳税人，2×23 年 12 月发生部分经济业务如下：

（1）7 日，以银行存款支付管理设备的修理费用 2 万元。

（2）13 日，以银行存款购入一项专利技术和一台不需要安装的设备并于当日投入专利权的研究阶段中，取得的增值税专用发票注明的价款分别为 120 万元和 360 万元，增值税税额分别为 7.2 万元和 46.8 万元。该专利技术和设备的预计使用年限均为 10 年，预计净残值均为零，均采用直线法计提摊销与折旧。

（3）20 日，甲公司将注册资本由 4 000 万元扩大为 5 000 万元。当日，投资人 A、B 按原出资比例分别追加投资，其中 A 原出资比例 60%，以一台不需要安装的生产设备追加投资，提供的增值税专用发票注明的价款为 600 万元，增值税税额为 78 万元，合同约定的生产设备价值与公允价值相符；B 原出资比例 40%，以银行存款 450 万元追加投资。

（4）30 日，从乙公司处购入一批吸尘器作为年终福利发放给职工，取得的增值税专用发票注明的价款为 50 万元，增值税税额为 6.5 万元。当日，甲公司以银行存款支付上述款项，至年末增值税发票尚未经过税务机关认证，该批吸尘器也未向员工发放。

（5）31 日，经核算，甲公司 2×23 年 12 月实现净利润 800 万元（含上述业务）。其中，固定资产报废产生的收益为 30 万元（全部以银行存款收取）；资产减值损失的金额为 40 万元；信用减值损失的金额 10 万元；交易性金融资产公允价值变动产生的收益为 20 万元；处置债权投资产生的投资收益为 60 万元（实际收取银行存款 204 万元）。另外，甲公司本月计提折旧金额为 100 万元；当期应收账款增加 40 万元，坏账准备增加 2 万元；应付账款减少 3 万元。

已知：除上述资料外，甲公司当期不存在其他投资活动与筹资活动；不存在其他将利润表中净利润调节为经营活动产生的现金流量的项目。

要求：根据上述资料，不考虑其他因素，分析回答下列小题。

（1）根据资料（1）和资料（4），甲公司 2×23 年 12 月资产负债表项目填制正确的是（　　）。

    A. "货币资金"项目减少 58.5 万元

    B. "存货"项目增加 50 万元

    C. "应交税费"项目减少 6.5 万元

    D. "其他流动资产"项目增加 6.5 万元

（2）根据资料（2），甲公司 2×23 年 12 月利润表项目填列正确的是（　　）。

    A. "管理费用"项目增加 3 万元

    B. "研发费用"项目增加 1 万元

    C. "营业利润"项目减少 4 万元

    D. "利润总额"项目减少 4 万元

（3）根据资料（2）和资料（5），甲公司 2×23 年 12 月现金流量表中"投资活动产生的现金流量"的金额为（　　）万元。

    A. −246　　　　B. −480　　　　C. −300　　　　D. 234

（4）根据资料（2）和资料（5），甲公司 2×23 年 12 月将利润表中净利润调节为经营活动产生的现金流量的金额为（　　）万元。

    A. 840　　　　B. 850　　　　C. 800　　　　D. 799

（5）根据上述资料，甲公司当期现金净流量的金额为（　　）万元。

    A. 1 044　　　　B. 820　　　　C. 950　　　　D. 1 483

329.（不定项选择题）甲公司为增值税一般纳税人，采用实际成本进行材料日常核算。2×23 年 12 月发生如下经济业务：

（1）1 日，甲公司与乙公司签订一份采购合同，向其采购一批价值 500 万元的 M 材料。当日，甲公司向乙公司预付 30% 的材料款。

（2）5 日，甲公司收到全部 M 材料，并取得乙公司开具的增值税专用发票，注明的增值税税额 65 万元。

（3）15 日，该批 M 材料验收合格，并再支付 50% 的材料款；剩余的 20% 的材料款与税款，于 2×24 年 1 月 5 日支付。

（4）18 日，甲公司从丙公司处赊购一批 W 材料，取得的增值税普通发票注明的不含税金额 150 万元，增值税税额 19.5 万元；另以银行存款支付运杂费 2.5 万元。至月末，该批 W 材料尚未到达。

（5）20 日，因自然灾害导致一项管理用专利技术报废，该专利技术账面原值 120 万元，已计提摊销 84 万元。根据保险合同约定，应由保险公司赔偿 30 万元，相关款项于 25 日收取。

（6）31 日，甲公司一处以公允价值模式计量的投资性房地产的公允价值为 1 350 万元。已知，截至 2×23 年 11 月 30 日，该投资性房地产的账面余额为 1 500 万元，公允价值变动贷方余额 200 万元。

（7）2×23 年，甲公司共实现利润总额 5 000 万元（含上述业务）。按税法规定，投资性房地产项目应调增利润 100 万元；此外，本年实现的利润总额中还包括实现的国债利息收入 50 万元，业务招待费 180 万元（允许扣除的部分为 50 万元），公益性捐赠支出 920 万元（允许扣除的部分为 600 万元），除上述事项之外不存在其他纳税调整事项。

要求：根据上述资料，不考虑其他因素，分析回答下列小题。

（1）根据资料（1）~（3），下列各项中，甲公司购入 M 材料的相关会计处理正确的是（　　）。

    A. 2×23 年 12 月 1 日，甲公司预付 30% 的材料款：

      借：预付账款   150

          贷：银行存款   150

  B. 2×23 年 12 月 5 日，甲公司收到 M 材料并取得增值税专用发票：

      借：原材料   500

      应交税费——应交增值税（进项税额）   65

          贷：预付账款   150

             应付账款   415

  C. 2×23 年 12 月 31 日，资产负债表中"应付账款"项目增加 165 万元

  D. 2×23 年 12 月 31 日，现金流量表中"购买商品、接受劳务支付的现金"

      的项目增加 565 万元

（2）根据资料（4），下列各项中，甲公司购入 W 材料的相关会计处理正确的是

    （   ）。

  A. "在途物资"科目的借方增加 150 万元

  B. "应付账款"科目的贷方增加 169.5 万元

  C. 2×23 年 12 月 31 日，资产负债表中"存货"项目增加 172 万元

  D. 2×23 年 12 月 31 日，现金流量表中"支付的其他与经营活动有关的现

     金"项目增加 2.5 万元

（3）根据资料（5），下列各项中，甲公司相关的财务报表项目填制正确的是

    （   ）。

  A. 资产负债表中"无形资产"项目减少 36 万元

  B. 利润表中"管理费用"项目减少 84 万元

  C. 利润表中"营业外支出"项目增加 6 万元

  D. 现金流量表中"处置固定资产、无形资产和其他长期资产而收到的现金

     净额"增加 30 万元

（4）根据资料（6），甲公司资产负债表和利润表的相关项目金额填制正确的是

    （   ）。

  A. "投资性房地产"项目增加 50 万元

  B. "其他综合收益"项目增加 50 万元

  C. "公允价值变动收益"项目减少 150 万元

  D. "营业利润"项目增加 50 万元

（5）根据资料（7），下列各项中，甲公司调整后的应纳税所得额是（   ）

    万元。

    A. 5 000   B. 5 500   C. 5 450   D. 5 550

330.（不定项选择题）甲有限责任公司（以下简称"甲公司"）为增值税一般纳税人，

    适用的增值税税率为 13%，产品售价均为不含税售价，产品销售成本按经济业务

    逐项结转。2×23 年 1 月 1 日所有者权益总额为 5 600 万元，其中实收资本 3 000

    万元，资本公积 1 000 万元，盈余公积 600 万元，未分配利润 1 000 万元。2×23

年度，甲公司发生如下经济业务：

（1）经批准，接受乙公司投入需要安装的设备，合同约定的价值为 2 000 万元（与公允价值相符），增值税税额为 260 万元；同时甲公司增加实收资本 1 500 万元，相关法律手续已办妥。

（2）将持有的交易性金融资产出售，收到价款 98 万元。该交易性金融资产的账面价值为 100 万元，持有期间无公允价值变动。

（3）结转固定资产清理净损失 20 万元。

（4）计提经营租出设备折旧费 30 万元。

（5）除上述经济业务外，甲公司当年实现营业收入 9 800 万元，发生营业成本 5 000 万元、税金及附加 300 万元、销售费用 100 万元、管理费用 300 万元、财务费用 50 万元、营业外支出 30 万元（其中罚款支出 10 万元、税收滞纳金 5 万元）。按照税法规定当年准予扣除的工会经费 100 万元，实际发生并计入当期损益的工会经费 150 万元，除上述事项之外不存在其他纳税调整事项，也未发生递延所得税。所得税税率为 25%。

（6）确认并结转全年所得税费用。

（7）年末将"本年利润"账户余额结转至未分配利润。

（8）年末按照 10% 的比例计提法定盈余公积，按 5% 的比例计提任意盈余公积。

（9）年末宣告分派上年现金股利 500 万元。

（10）年末将"利润分配——提取法定盈余公积、任意盈余公积、应付现金股利"明细科目余额结转至"利润分配——未分配利润"科目。

要求：根据上述资料，不考虑其他因素，分析回答下列小题。

（1）根据资料（1）~（4），下列各项中，会计处理正确的是（　　）。

    A. 借：固定资产　　　　　　　　　　　　　　　　2 000

           应交税费——应交增值税（进项税额）　　260

        贷：实收资本　　　　　　　　　　　　　　　　　　1 500

           资本公积——资本溢价　　　　　　　　　　　760

    B. 借：银行存款　　　　　　　　　　　　　　　　　98

           投资收益　　　　　　　　　　　　　　　　　2

        贷：交易性金融资产——成本　　　　　　　　　　100

    C. 借：营业外支出　　　　　　　　　　　　　　　　20

        贷：待处理财产损溢　　　　　　　　　　　　　　　20

    D. 借：其他业务成本　　　　　　　　　　　　　　　30

        贷：累计折旧　　　　　　　　　　　　　　　　　　30

（2）根据资料（1）~（5），甲公司 2×23 年度利润表中"利润总额"项目的金额是（　　）万元。

    A. 3 968　　　　　　B. 4 018　　　　　　C. 4 033　　　　　　D. 3 918

（3）根据资料（1）~（6），甲公司 2×23 年度利润表中"所得税费用"项目的金额是（　　）万元。

    A. 992   B. 1 004.5   C. 1 008.25   D. 979.5

（4）根据资料（7）～（8），甲公司 2×23 年 12 月 31 日资产负债表中"盈余公积"项目的期末金额是（　　）万元。

    A. 895.98   B. 156.03   C. 1 043.97   D. 443.97

（5）根据资料（6）～（10），甲公司 2×23 年 12 月 31 日资产负债表中"未分配利润"项目的期末金额是（　　）万元。

    A. 3 959.75   B. 4 903.72   C. 2 015.78   D. 3 015.78

第九章 产品成本核算

331. （单选题）某企业本月投产 M 产品 1 300 件，N 产品 2 400 件，生产 M、N 两种产品共耗用材料 600 吨，每吨 400 元。每件产品材料消耗定额为 M 产品定额 0.2 吨/件，N 产品定额 0.1 吨/件。M 产品分配的材料费用为（　　）元。

    A. 104 000　　　　B. 156 000　　　　C. 115 200　　　　D. 124 800

332. （单选题）某企业只生产和销售甲产品，2×23 年 11 月初，在产品成本为 3.5 万元。11 月份发生如下费用：生产耗用材料 6 万元，生产工人工资 2 万元，行政管理部门人员工资 1.5 万元，制造费用 1 万元。月末在产品成本 3 万元，该企业 11 月份完工甲产品的生产成本为（　　）万元。

    A. 9.5　　　　　　B. 12.5　　　　　　C. 11　　　　　　D. 9

333. （多选题）甲制造业企业设有机修和供水两个辅助生产车间。2×23 年 6 月，机修车间发生费用 2 500 万元，提供修理工时 500 小时，其中供水车间耗用 30 小时；供水车间发生费用 250 万元，供水总量为 50 万吨，其中机修车间耗用 6 万吨。假定机修车间计划每修理工时耗费 4.5 万元，供水车间计划每万吨水耗费 7 万元。甲制造业企业采用计划成本分配法分配辅助生产费用，下列说法中，不正确的有（　　）。

    A. 机修车间分配给供水车间的费用为 150 万元

    B. 供水车间分配给机修车间的费用为 120 万元

    C. 机修车间实际成本与计划成本的差异为 292 万元

    D. 机修车间实际成本与计划成本的差异为 250 万元

334. （判断题）在辅助生产费用分配方法中，直接分配法的计算结果比交互分配法更准确。（　　）

335. （单选题）甲制造业企业为生产 A、B 两种产品共领用原材料 1 500 千克，单价是 30 元。本月投产的 A 产品 150 件，B 产品 200 件，A 产品的材料消耗定额为 10 千克，B 产品的材料消耗定额为 15 千克，假定按材料定额消耗量比例分配材料费用，则 A 产品应负担的材料费用是（　）元。

A. 45 000　　　　B. 30 000　　　　C. 15 000　　　　D. 20 000

336.（单选题）某企业设有供热和供电两个辅助生产车间，采用计划成本分配法核算辅助生产费用。2×23 年 12 月，供热车间待分配的辅助生产费用为 1 200 万元，辅助生产实际成本为 1 672 万元；供电车间待分配的辅助生产费用为 2 400 万元，辅助生产实际成本为 2 450 万元。不考虑其他因素，该企业 2×23 年 12 月利润表中"营业利润"的影响金额是（　）万元。

A. 90　　　　B. 332　　　　C. 422　　　　D. 512

刷易错

337.（单选题）企业发生的下列支出中，属于生产费用的是（　）。

A. 生产部门发生的招待费

B. 市场部门发生的折旧费

C. 财务部门发生的水电费

D. 车间管理部门发生的差旅费

338.（单选题）计划成本分配法下，企业应将辅助生产车间实际发生的费用与按计划单位成本分配转出的费用之间的差额采用简化方法全部计入（　）。

A. 管理费用　　　　　　　　B. 财务费用

C. 制造费用　　　　　　　　D. 生产成本

339.（多选题）下列各项中，适用品种法核算产品成本的有（　）。

A. 发电企业　　　　　　　　B. 采掘企业

C. 精密仪器制造企业　　　　D. 冶金企业

刷通关

340.（单选题）甲公司有供电和供水两个辅助生产车间，1 月供电车间供电 8 000 度，费用120 000 元，供水车间供水 5 000 吨，费用 3 600 元，供电车间耗用水 200 吨，供水车间耗用电 600 度，甲公司采用直接分配法进行核算，1 月供水车间分配率是（　）。

A. 7.375　　　　B. 7.625　　　　C. 7.2　　　　D. 7.5

341.（单选题）甲公司生产 X、Y 两种产品领用某材料 4 000 千克，材料的单价为 100 元/千克。本月生产 X 产品 4 000 件，Y 产品 2 000 件。X 产品重量为每件 12 千克，Y 产品重量为每件 26 千克，按照产品的重量进行材料成本的分配。不考虑其他因素，甲公司生产 X 产品负担的材料费用为（　）元。

A. 266 666.67　　　　B. 192 000　　　　C. 208 000　　　　D. 133 333.33

342.（单选题）某企业生产 M 产品，采用约当产量比例法将生产费用在完工产品与在产品之间分配。2×23 年 2 月 1 日，M 产品在产品数量为 0。2 月投产 M 产品数量为 200 件，月末完工产品数量为 120 件，在产品约当数量为 60 件。原材料在开始生产时一次性投入，实际成本为 36 万元。不考虑其他因素，该企业 2×23 年 2 月 M 产品完工产品的材料费用为（　　）万元。

A. 14.4　　　　　　　B. 12　　　　　　　　C. 21.6　　　　　　　D. 24

343.（多选题）下列各项中，通过成本项目核算的有（　　）。

A. 直接材料　　　　　　　　　　　　B. 直接人工

C. 制造费用　　　　　　　　　　　　D. 燃料及动力

344.（多选题）下列关于产品成本计算方法的表述中，正确的有（　　）。

A. 品种法下一般定期计算产品成本

B. 分批法下成本计算期与产品生产周期基本一致，而与核算报告期不一致

C. 逐步结转分步法下，在产品的成本在最后完成以前，不随实物转出而转出，不能为各生产步骤在产品的实物管理及资金管理提供资料

D. 平行结转分步法下，成本结转工作量较大

345.（判断题）即使企业辅助生产车间规模很小、制造费用很少且辅助生产不对外提供产品和劳务的，也应将辅助生产的制造费用通过"制造费用"科目核算。（　　）

346.（判断题）平行结转分步法需要计算结转各步骤所产半成品的成本。（　　）

347.（不定项选择题）某工业企业仅生产甲产品，采用品种法计算产品成本。3 月初在产品直接材料成本 30 万元，直接人工成本 8 万元，制造费用 2 万元。3 月份发生直接材料成本 75 万元，直接人工成本 20 万元，制造费用 6 万元。3 月末甲产品完工 50 件，在产品 100 件。月末计算完工产品成本时，直接材料成本按完工产品与在产品数量比例分配，直接人工成本和制造费用采用定额工时比例分配。单位产成品工时定额 20 小时。单位在产品工时定额 10 小时。

要求：根据上述资料，不考虑其他因素，分析回答下列小题。

（1）甲完工产品应负担的直接材料成本为（　　）万元。

　　A. 25　　　　　B. 35　　　　　C. 50　　　　　D. 70

（2）甲完工产品应负担的直接人工成本为（　　）万元。

　　A. 14　　　　　B. 27　　　　　C. 32　　　　　D. 46

（3）甲完工产品应负担的制造费用为（　　）万元。

　　A. 2　　　　　B. 4　　　　　C. 6　　　　　D. 8

（4）完工产品入库的会计分录为（　　）。

　　A. 借：库存商品

　　　　　　贷：生产成本　　　　　　　　　　　　　　　　41

　　　　　　　　　　　　　　　　　　　　　　　　　　41

　　B. 借：库存商品　　　　　　　　　　　　　　　　　66

　　　　　　贷：生产成本　　　　　　　　　　　　　　　　　　　66
　　C. 借：库存商品　　　　　　　　　　　　　　　　　　　　75
　　　　　　贷：生产成本　　　　　　　　　　　　　　　　　　　75
　　D. 借：库存商品　　　　　　　　　　　　　　　　　　　　53
　　　　　　贷：生产成本　　　　　　　　　　　　　　　　　　　53

（5）下列各项中，关于品种法核算的说法正确的是（　　　）。

A. 品种法适用于大量大批生产型企业

B. 单步骤生产型企业和多步骤生产型企业都可以使用品种法核算

C. 如果是多步骤生产不要求分步计算成本

D. 品种法按产品品种作为成本核算对象

348. （不定项选择题）某企业为工业制造企业，采用交互分配法进行辅助生产费用的分配。该企业在生产过程中设有供热、供电两个辅助生产车间，供热车间的生产费用按照供热吨数分配费用，供电车间按照耗电度数分配费用。2×23 年 12 月有关辅助费用成本如下：

项目		供热车间	供电车间
待分配成本（万元）		1 800	2 400
供应劳务数量		7 500 吨	2 000 万度
耗用劳务数量	供热车间	—	500 万度
	供电车间	1 500 吨	—
	生产一车间	3 600 吨	900 万度
	生产二车间	1 600 吨	300 万度
	管理部门	700 吨	200 万度
	销售部门	350 吨	100 万度

要求： 根据上述资料，不考虑其他因素，分析回答下列小题。

（1）下列关于交互分配法的说法中，正确的是（　　　）。

　　A. 加大成本分配的工作量

　　B. 提高成本分配的正确性

　　C. 对辅助生产劳务计划单位成本要求较准确

　　D. 适用于辅助生产内部相互提供产品和劳务不多的，但对产品成本影响较大的企业

（2）供热车间交互分配转入的辅助生产费用为（　　　）万元。

　　A. 120　　　　B. 300　　　　　　C. 600　　　　　D. 1 800

（3）供电车间对外分配的费用是（　　　）万元。

　　A. 1 560　　　B. 2 040　　　　　C. 2 160　　　　D. 2 640

（4）供热车间对外分配的分配率是（　　）万元/吨。

    A. 1.02　　　　B. 0.34　　　　C. 1.44　　　　D. 0.36

（5）下列供电车间对外分配的会计处理中，正确的是（　　）。

    A. 供热车间分配的费用为 600 万元

    B. 生产车间分配的费用为 1 728 万元

    C. 管理部门分配的费用为 288 万元

    D. 销售部门分配的费用为 144 万元

第十章 政府会计基础

刷基础

349. （单选题）在财政直接支付方式下，年度终了，单位根据本年度财政直接支付预算指标数与当年财政直接支付实际支出数的差额，在预算会计中，应借记（   ）。

    A. 财政拨款预算收入
        B. 财政拨款收入

    C. 财政应返还额度
        D. 资金结存

350. （单选题）下列关于事业单位无偿调入固定资产成本的确定方法，正确的是（   ）。

    A. 按照名义金额确定

    B. 按照调入资产的评估价值确定

    C. 按照调出方账面价值加上相关税费等确定

    D. 按照调出方账面价值减去相关税费等确定

351. （多选题）下列各项中，属于政府会计主体非流动资产的有（   ）。

    A. 公共基础设施
        B. 文物文化资产

    C. 政府储备资产
        D. 保障性住房

352. （判断题）政府会计主体对资产进行计量，一般应当采用公允价值。（   ）

刷提高

353. （多选题）某事业单位的事业收入采用应收款方式确认。2×23年10月15日，收到款项80 000元，该事业单位应编制的会计分录有（   ）。

    A. 借：应缴财政款   80 000

        贷：应收账款   80 000

    B. 借：应收账款   80 000

        贷：事业收入   80 000

    C. 借：银行存款   80 000

        贷：应收账款   80 000

    D. 借：资金结存——货币资金   80 000

        贷：事业预算收入   80 000

354. （多选题）2×23 年 10 月 19 日，某事业单位根据经过批准的部门预算和用款计划，向同级财政部门申请支付第三季度水费 105 000 元。10 月 23 日，财政部门审核后，以财政直接支付方式向自来水公司支付该单位的水费 105 000 元。10 月 27 日，该事业单位收到"财政直接支付入账通知书"。不考虑其他因素，下列会计处理正确的有（　　　）。

A. 编制预算会计分录：

借：事业支出　　　　　　　　　　　　　　　　　105 000

　　贷：财政拨款预算收入　　　　　　　　　　　　　　105 000

B. 编制预算会计分录：

借：资金结存　　　　　　　　　　　　　　　　　105 000

　　贷：财政拨款预算收入　　　　　　　　　　　　　　105 000

C. 编制财务会计分录：

借：单位管理费用　　　　　　　　　　　　　　　105 000

　　贷：财政拨款收入　　　　　　　　　　　　　　　　105 000

D. 编制财务会计分录：

借：单位管理费用　　　　　　　　　　　　　　　105 000

　　贷：零余额账户用款额度　　　　　　　　　　　　　105 000

355. （判断题）采用应收款方式确认的事业（预算）收入，根据合同完成进度计算本期应收的款项确认事业收入，同时须在预算会计中借记"资金结存——货币资金"科目，贷记"事业预算收入"科目。（　　　）

刷易错

356. （单选题）事业单位对外捐赠现金的财务会计处理中，应借记的会计科目是（　　　）。

A. 其他支出　　　　　　　　　　　　B. 其他费用

C. 资产处置费用　　　　　　　　　　D. 捐赠支出

刷通关

357. （单选题）下列各项中，属于事业单位在预算会计中按照规定从其他单位调入财政拨款结转资金的账务处理的是（　　　）。

A. 借：财政拨款预算收入

　　　贷：财政拨款结转——本年收支结转

B. 借：资金结存

　　　　贷：财政拨款结转——归集调入

　　C. 借：财政拨款结余

　　　　贷：财政拨款结转

　　D. 借：财政应返还额度

　　　　贷：累计盈余

358. （多选题）财政授权支付下，事业单位注销额度的会计处理有（　　　）。

　　A. 编制预算会计分录：

　　　　借：资金结存——财政应返还额度

　　　　　贷：资金结存——零余额账户用款额度

　　B. 编制预算会计分录：

　　　　借：财政应返还额度

　　　　　贷：资金结存——零余额账户用款额度

　　C. 编制财务会计分录：

　　　　借：财政应返还额度——财政授权支付

　　　　　贷：零余额账户用款额度

　　D. 编制财务会计分录：

　　　　借：零余额账户用款额度

　　　　　贷：财政拨款收入

359. （多选题）某事业单位通过单位零余额账户转账支付一台不需要安装的打印复印一体机，价款 32 000 元。下列关于该事业单位账务处理中，正确的有（　　　）。

　　A. 借：固定资产——办公设备　　　　　　　　　　　　32 000

　　　　　贷：零余额账户用款额度　　　　　　　　　　　　32 000

　　B. 借：事业支出——财政拨款支出　　　　　　　　　　32 000

　　　　　贷：资金结存——零余额账户用款额度　　　　　　32 000

　　C. 借：固定资产——办公设备　　　　　　　　　　　　32 000

　　　　　贷：银行存款　　　　　　　　　　　　　　　　　32 000

　　D. 借：行政支出　　　　　　　　　　　　　　　　　　32 000

　　　　　贷：资金结存——财政应返还额度　　　　　　　　32 000

360. （判断题）事业单位取得的文物文化资产，若没有相关凭据且未经资产评估、同类或类似资产的市场价格也无法可靠取得的，可以按照名义金额入账。（　　　）

第二部分

速刷题参考答案及解析

答案速查

续表

第三章　流动资产				
97.（1）B	（2）ABD	（3）D	（4）BC	（5）C
98.（1）ABCD	（2）D	（3）ABCD	（4）BC	（5）AD
第四章　非流动资产				
99. B	100. B	101. B	102. D	103. D
104. B	105. A	106. C	107. A	108. C
109. B	110. BD	111. AC	112. ABCD	113. BC
114. AC	115. ×	116. ×	117. √	118. ×
119. √	120. D	121. B	122. C	123. B
124. D	125. C	126. AD	127. AB	128. ABCD
129. BC	130. √	131. √	132. ×	133. ×
134. √	135. ×	136. B	137. D	138. A
139. BC	140. BCD	141. AB	142. √	143.（1）CD
（2）ACD	（3）A	（4）ABC	（5）C	144.（1）AC
（2）B	（3）A	（4）ABC	（5）B	145.（1）AD
（2）ABD	（3）A	（4）A	（5）D	146.（1）C
（2）ACD	（3）AD	（4）ABC	（5）D	147.（1）A
（2）BCD	（3）CD	（4）ABCD	（5）ACD	148.（1）ABC
（2）BC	（3）AC	（4）D	（5）ABD	149.（1）AC
（2）D	（3）CD	（4）B	（5）ABC	150.（1）BC
（2）AC	（3）CD	（4）ABD	（5）B	
第五章　负　债				
151. D	152. B	153. B	154. B	155. B
156. D	157. D	158. A	159. D	160. C
161. ABC	162. BC	163. BD	164. AB	165. √
166. ×	167. √	168. ×	169. A	170. B
171. B	172. D	173. B	174. A	175. C
176. ABCD	177. √	178. ×	179.（1）A	（2）ABC
（3）ACD	（4）ABCD	（5）D	180. A	181. D

续表

第五章　负　债				
182. AC	183. BD	184. ×	185. √	186. ×
187. C	188. D	189. D	190. ABD	191. AB
192. BCD	193.（1）BCD	（2）ABD	（3）ABD	（4）D
（5）ABD	194.（1）A	（2）B	（3）CD	（4）D
（5）AB	195.（1）B	（2）BC	（3）ACD	（4）B
（5）A				

第六章　所有者权益				
196. B	197. C	198. D	199. D	200. B
201. C	202. ABC	203. √	204. ×	205. ×
206. ×	207. ×	208. A	209. C	210. B
211. C	212. D	213. ABC	214. BCD	215. AD
216. ×	217. B	218. AD	219. √	220. B
221. C	222. B	223.（1）CD	（2）ABD	（3）ABCD
（4）A	（5）A	224.（1）ACD	（2）AC	（3）AC
（4）AC	（5）B	225.（1）ABD	（2）BCD	（3）ABC
（4）B	（5）ABCD			

第七章　收入、费用和利润				
226. A	227. B	228. D	229. B	230. B
231. D	232. C	233. D	234. C	235. D
236. B	237. A	238. C	239. C	240. A
241. D	242. D	243. C	244. ABCD	245. AB
246. ABCD	247. ABCD	248. ABC	249. AB	250. BD
251. AD	252. ×	253. ×	254. ×	255. C
256. D	257. D	258. C	259. A	260. ABC
261. AB	262. BC	263. ×	264. √	265. B
266. A	267. ACD	268. √	269. B	270. C
271. D	272. C	273. A	274. BC	275. BD
276. ACD	277. √	278.（1）BCD	（2）ABCD	（3）CD

第七章　收入、费用和利润				
(4) AB	(5) C	279. (1) AD	(2) AC	(3) BCD
(4) D	(5) A	280. (1) D	(2) BC	(3) C
(4) D	(5) ACD	281. (1) BCD	(2) BD	(3) AC
(4) B	(5) B			
第八章　财务报告				
282. D	283. D	284. D	285. D	286. C
287. B	288. A	289. B	290. C	291. B
292. A	293. D	294. ABC	295. ABCD	296. AC
297. ABC	298. BCD	299. ABCD	300. ABCD	301. √
302. √	303. √	304. ×	305. C	306. A
307. D	308. BD	309. BCD	310. AD	311. ×
312. D	313. A	314. B	315. AC	316. ×
317. B	318. A	319. B	320. A	321. B
322. B	323. ABD	324. AD	325. CD	326. ×
327. √	328. (1) ABD	(2) B	(3) C	(4) C
(5) C	329. (1) AC	(2) BC	(3) ACD	(4) AD
(5) B	330. (1) BD	(2) A	(3) C	(4) C
(5) D				
第九章　产品成本核算				
331. D	332. A	333. ABD	334. ×	335. C
336. D	337. D	338. A	339. AB	340. D
341. B	342. C	343. ABCD	344. AB	345. ×
346. ×	347. (1) B	(2) A	(3) B	(4) D
(5) ABCD	348. (1) AB	(2) C	(3) C	(4) B
(5) BCD				
第十章　政府会计基础				
349. D	350. C	351. ABCD	352. ×	353. CD
354. AC	355. ×	356. B	357. B	358. AC
359. AB	360. ×			

第一章 概 述

1. 【答案】D 【解析】本题考查会计监督。单位内部的会计监督职能，是指会计机构、会计人员对其特定主体经济活动和相关会计核算的真实性、完整性、合法性和合理性进行审查，使之达到预期经济活动和会计核算目标的功能。选项 D 符合题意。

2. 【答案】B 【解析】本题考查会计基本假设。持续经营，是指在可以预见的将来，企业将会按当前的规模和状态继续经营下去，不会停业，也不会大规模削减业务。选项 B 符合题意。

3. 【答案】C 【解析】本题考查可比性。（1）不同企业同一会计期间发生的相同或者相似的交易或事项，应当采用同一会计政策，确保会计信息口径一致，相互可比，以使不同企业按照一致的确认、计量、记录和报告要求提供有关会计信息，选项 A 错误；（2）同一企业不同时期发生的相同或者相似的交易或者事项，应当采用一致的会计政策，不得随意变更，选项 B 错误；（3）保持同一企业不同时期会计信息的可比性，有助于比较考核企业管理层受托责任的履行情况；有助于会计信息使用者了解企业财务状况、经营成果和现金流量的变化趋势，比较企业不同时期的会计信息，全面、客观地评价过去、预测未来，作出决策，选项 D 错误。

4. 【答案】C 【解析】本题考查会计基本假设。由于会计分期，才产生了当期与以前期间、以后期间的差别，使不同类型的会计主体有了会计确认和计量的基准，形成了权责发生制和收付实现制两种不同的会计基础，进而出现了应收、应付、折旧、摊销等会计处理方法，选项 C 正确。

5. 【答案】ABD 【解析】本题考查会计职能。会计作为经济活动"过程的控制和观念总结"，具有会计核算和会计监督两项基本职能，还具有预测经济前景、参与经济决策、评价经营业绩等拓展职能，选项 A、B、D 正确。

6. 【答案】√ 【解析】本题考查可理解性。对于财务会计报表中计提减值准备的资产项目，在财务会计报表的正表中采用净额列示的，应在附注中说明相应已计提减值准备的金额；财务会计报表中汇总合计列报的项目，如资产负债表中货币资金、存货等项目，应在附注中逐项列示说明明细核算信息，均是可理解性会计信息质量要求的体现。

7. 【答案】√ 【解析】本题考查会计职能。会计核算与会计监督是相辅相成、辩证统一的。会计核算是会计监督的基础，没有核算提供的各种系统性会计资料，监督就失去了依据；会计监督又是会计核算质量的保障，只有核算没有监督，就难以保证核算提供信息的质量。

8.【答案】×　【解析】本题考查企业会计准则体系。小企业会计准则主要适用于符合《中小企业划型标准规定》所规定的小型企业标准的企业，但以下三类小企业除外：（1）股票或债券在市场上公开交易的小企业；（2）金融机构或其他具有金融性质的小企业；（3）企业集体内的母公司和子公司。

刷提高

9.【答案】B　【解析】本题考查权责发生制。根据权责发生制，凡是当期已经实现的收入和已经发生或者应当负担的费用，无论款项是否收付，都应当作为当期的收入和费用，计入利润表；凡是不属于当期的收入和费用，即使款项已在当期收付，也不应当作为当期的收入和费用。本月收取的上月销货款，根据权责发生制的要求，属于上月收入，选项A错误；本月预收下季度的房屋租金，根据权责发生制的要求，应在下季度每月提供出租服务后确认收入，选项C错误；本月出售专利权收取的价款，不属于收入，选项D错误。

10.【答案】ACD　【解析】本题考查会计目标。会计的基本目标是向财务报告使用者提供企业财务状况、经营成果和现金流量等有关的会计资料和信息，反映企业管理层受托责任履行情况，有助于财务报告使用者作出经济决策，达到不断提高企业事业单位乃至经济社会整体的经济效益和效率的目的和要求，选项A、C、D正确。从更高层面看，会计的目标还包括规范会计行为，保证会计资料真实、完整，加强经济管理和财务管理，提高经济效益，维护社会主义市场经济秩序，为市场在资源配置中起决定性作用和更好发挥政府作用提供基础性保障作用，实现经济高质量发展，选项B错误。

11.【答案】CD　【解析】本题考查会计信息质量要求——谨慎性。金额较小的低值易耗品分期摊销计入当期损益与在财务报表中对收入和利得、费用和损失进行分类列报，体现的会计信息质量要求是重要性，选项A、B错误。

刷易错

12.【答案】B　【解析】本题考查会计信息质量要求。企业租入的资产（短期租赁和低值资产租赁除外），虽然从法律形式来讲企业并不拥有其所有权，但是由于租赁合同规定的租赁期相当长，往往接近于该资产的使用寿命，租赁期结束时承租企业有优先购买该资产的选择权，在租赁期内承租企业拥有资产使用权并从中受益等。从其经济实质来看，企业能够控制租入资产所创造的未来经济利益，在会计确认、计量、记录和报告中就应当将租入的资产视为企业的资产，在资产负债表中填列使用权资产，选项B正确。

13. 【答案】BD 【解析】本题考查会计信息质量要求。企业发生的研发支出中属于研究阶段的支出，尽管多数情况下其金额较大，但是，从其功能看尚未形成会给企业带来经济利益的资源，在发生期作为期间费用计入当期损益核算并列报，符合重要性的要求，选项B正确；谨慎性要求企业会计处理的结果是资产不多计、费用不少计，符合谨慎性质量要求，选项D正确。

14. 【答案】AB 【解析】本题考查会计主体。如果某项经济交易或事项是属于企业所有者个体所发生的，则不应纳入企业会计核算的范围，选项C错误；如果企业所有者向企业投入资本或企业向投资者分配利润，则属于企业会计主体的核算范围，选项D错误。

【提示】法律主体一定是会计主体，但会计主体不一定是法律主体。

15. 【答案】× 【解析】本题考查会计信息质量要求。企业应当对可能发生的资产减值损失计提资产减值准备。

刷通关

16. 【答案】C 【解析】本题考查会计职业道德的内容。"坚持诚信，守法奉公"是对会计人员的自律要求，"坚持准则，守责敬业"是对会计人员的履职要求，"坚持学习，守正创新"是对会计人员的发展要求。故选项C正确。

17. 【答案】AD 【解析】本题考查会计职业道德概述。会计职业道德不仅调整会计人员的外在行为，还调整会计人员内在的精神世界，作用范围更加广泛，选项B错误；会计职业道德出自会计人员的职业生活和职业实践，其表现形式既有成文的规范，也有不成文的规范，选项C错误。

18. 【答案】× 【解析】本题考查会计基本假设。如果企业发生破产清算，经相关部门批准后，应当使用破产清算的相关规定。

第二章 会计基础

刷基础

19.【答案】C 【解析】本题考查会计要素——概述。会计要素按照其性质分为资产、负债、所有者权益、收入、费用和利润，其中，资产、负债和所有者权益要素侧重于反映企业在特定日期的财务状况，属于静态要素，选项 A、B、D 错误；收入、费用和利润要素侧重于反映企业在一定会计期间的经营成果，属于动态要素，选项 C 正确。

20.【答案】B 【解析】本题考查会计要素计量属性。现值对未来现金流量以恰当的折现率进行折现后的价值，是考虑货币时间价值因素等的一种计量属性，选项 B 正确。

21.【答案】B 【解析】本题考查交易或事项对会计等式的影响。

(1) 以银行存款偿还前欠货款，会计处理为：

借：应付账款

　　贷：银行存款

该业务会使资产和负债同时减少，选项 A 错误。

(2) 开具的银行承兑汇票到期无力支付，会计处理为：

借：应付票据

　　贷：短期借款

该业务会使一项负债增加，另一项负债减少，选项 B 正确。

(3) 向投资者宣告发放现金股利，会计处理为：

借：利润分配

　　贷：应付股利

该业务会使一项负债增加，一项所有者权益减少，选项 C 错误。

(4) 经批准将资本公积转增为实收资本，会计处理为：

借：资本公积

　　贷：实收资本

该业务会使一项所有者权益增加，另一项所有者权益减少，选项 D 错误。

22.【答案】C 【解析】本题考查会计凭证的保管。当年形成的会计档案，在会计年度终了后，可由单位会计机构临时保管 1 年（选项 A 错误），期满后再移交本单位档案机构统一保管；因工作需要确需推迟移交的，应当经单位档案管理机构同意，且最长不超过 3 年（选项 B 错误）；单位未设立档案机构的，应在会计机构等机构内部指定专人保管（选项 C 正确）。出纳人员不得兼管会计档案（选项 D 错误）。

23.【答案】B 【解析】本题考查会计账簿的启用和登记要求。以下情况可以使用红墨水记账：（1）按照红字冲账的记账凭证，冲销错误记录的情况；（2）在不设借贷等栏的多栏式账页中，登记减少数的情况；（3）在三栏式账户的余额栏前，如未印明余额方向的，在余额栏内登记负数余额的情况；（4）符合规定的其他情况。除上述情况外，不得使用红色墨水登记账簿，选项 B 错误。

24.【答案】A 【解析】本题考查对账。账实核对包括以下内容：
（1）逐日核对库存现金日记账账面余额与现金实际库存数是否相符。
（2）定期核对银行存款日记账账面余额与银行对账单余额是否相符。
（3）定期核对各项财产物资明细账账面余额与财产物资实有数额是否相符。
（4）核对有关债权债务明细账账面余额与对方单位债权债务的账面记录是否相符。
选项 A 正确。

25.【答案】ABCD 【解析】本题考查会计凭证——原始凭证的审核。为了如实反映经济业务的发生和完成情况，充分发挥会计的监督职能，保证会计信息的真实、完整，会计人员必须对原始凭证进行严格审核。审核的内容主要包括：（1）审核原始凭证的真实性，选项 A 正确；（2）审核原始凭证的合法性、合理性，选项 B 正确；（3）审核原始凭证的完整性，选项 C 正确；（4）审核原始凭证的正确性，选项 D 正确。

26.【答案】BC 【解析】本题考查会计账务处理程序的应用。科目汇总表账务处理程序的主要特点是先将所有记账凭证汇总编制成科目汇总表，然后根据科目汇总表登记总分类账。其优点是减轻了登记总分类账的工作量，选项 B 正确；并且科目汇总表可以起到试算平衡的作用，选项 C 正确；缺点是科目汇总表不能反映各个账户之间的对应关系，不利于对账目进行检查，选项 D 错误；简单明了，易于理解是记账凭证账务处理程序的优点，选项 A 错误。

27.【答案】× 【解析】本题考查会计凭证的保管。形成的电子会计资料不属于具有永久保存价值或者其他重要保存价值的会计档案。

刷提高

28.【答案】A 【解析】本题考查会计要素——资产。管理部门对以租赁方式租入的办公楼进行的装修支出，应记入"长期待摊费用"科目，属于资产，选项 A 正确；已签订采购合同但尚未购入的环保设备，不作账务处理，故不确认为资产，选项 B 错误；自行研发专利技术发生的研究阶段的支出，期末应记入"管理费用"科目，属于费用，选项 C 错误；仓库中存放的受托代销的商品，应记入"受托代销商品"科目，属于负债，选项 D 错误。

29. 【答案】B 【解析】本题考查会计要素计量属性及其应用原则——可变现净值。可变现净值，是指在生产经营过程中，以预计售价减去进一步加工成本和销售所必需的预计税金、费用后的净值。采用可变现净值计量时，资产按照其正常对外销售所能收到现金或者现金等价物的金额，扣减该资产至完工时估计将要发生的成本、估计的销售费用以及相关税费后的金额计量。2×23 年 12 月 31 日甲公司库存 M 材料的可变现净值 $= 125 - 20 - 10 - 5 = 90$（万元），选项 B 正确。

30. 【答案】D 【解析】本题考查交易或事项对会计等式的影响。

（1）收回应收账款 40 万元，会计分录如下：

借：银行存款   40
　　贷：应收账款   40

属于一项资产增加，一项资产减少，对资产总额无影响。

（2）以银行存款归还短期借款 30 万元，会计分录如下：

借：短期借款   30
　　贷：银行存款   30

属于一项资产减少，一项负债减少，会使资产总额减少。

（3）赊购生产设备一台，价值 80 万元，会计分录如下：

借：固定资产   80
　　贷：应付账款   80

属于一项资产增加，一项负债增加，会使资产总额增加。

2×23 年 6 月 30 日甲企业资产总额 $= 800 - 30 + 80 = 850$（万元），选项 D 正确。

31. 【答案】A 【解析】本题考查借贷记账法的基本原理。

（1）"存货跌价准备"科目属于资产类科目中的备抵类科目，借方登记减少，贷方登记增加，期末余额一般在贷方，与"应付账款"科目的记账方向相同，选项 A 正确；

（2）"未确认融资费用"科目属于负债类科目中的备抵类科目，借方登记增加，贷方登记减少，期末余额一般在借方，与"应付账款"科目的记账方向相反，选项 B 错误；

（3）"生产成本"科目属于成本类科目，借方登记增加，贷方登记减少，期末余额一般在借方，与"应付账款"科目的记账方向相反，选项 C 错误；

（4）"管理费用"科目属于费用类科目，借方登记增加，贷方登记减少，与"应付账款"科目的记账方向相反，选项 D 错误。

32. 【答案】C 【解析】本题考查会计账簿的格式与登记方法。银行存款日记账应由出纳人员根据与银行存款收付业务有关的记账凭证，按时间先后顺序逐日逐笔进行登记，选项 A、B 错误；银行存款日记账的格式与库存现金日记账相同，可以采用三栏式，也可以采用多栏式，选项 D 错误。

33. 【答案】BD 【解析】本题考查财产清查概述——财产清查的种类。发生自然灾害和意外损失时，要对受损失的财产物资进行清查，以查明损失情况，属于不定期清查和全面清查，选项 B、D 正确。

34. 【答案】× 【解析】本题考查会计凭证的保管。单位仅以电子形式保存会计档案的，原则上应从一个完整的会计年度的年初开始执行，以保证其年度会计档案保存形式的一致性。

35. 【答案】× 【解析】本题考查财产清查结果的会计处理。库存现金清查时，应填制"库存现金盘点报告表"，作为重要原始凭证。

刷易错

36. 【答案】C 【解析】本题考查会计凭证——记账凭证的编制与生成。

(1) 报销差旅费 3 500 元，会计分录如下：

借：管理费用   3 500

  贷：其他应收款   3 500

因分录中不涉及库存现金与银行存款科目，故应当填制转账凭证。

(2) 归还剩余现金，会计分录如下：

借：库存现金   500

  贷：其他应收款   500

因分录中借方涉及库存现金科目，故应当填制现金收款凭证，选项 C 正确。

37. 【答案】ABCD 【解析】会计科目是对会计要素的具体内容进行分类核算的项目，根据提供信息的详细程度及其统驭关系，可分为总分类科目和明细分类科目，会计科目仅仅是账户的名称，不存在格式和结构。

账户是根据会计科目设置的，具有一定格式和结构，用于分类反映会计要素增减变动情况及其结果的载体，根据提供信息的详细程度及其统驭关系，账户分为总分类账户和明细分类账户。账户是根据会计科目设置的，账户的名称就是会计科目。

38. 【答案】BC 【解析】本题考查财产清查种类。出纳人员离职和原材料短缺，应进行局部清查，选项 A、D 错误。需要进行全面清查的情形：(1) 年终决算前；(2) 在合并、撤销或改变隶属关系前；(3) 中外合资、国内合资前；(4) 股份制改造前；(5) 开展全面的资产评估、清产核资前；(6) 单位主要领导调离工作前等。

39. 【答案】× 【解析】本题考查会计要素及其确认条件——资产。一项资源确认为资产，除需要符合资产的定义，还应同时满足以下两个条件：

(1) 与该资源有关的经济利益很可能流入企业。

(2) 该资源的成本或价值能够可靠地计量。

40. 【答案】√ 【解析】本题考查会计账簿的概念——种类。企业一般只对固定资产的核算采用卡片账的形式，也有少数企业在材料核算中使用材料卡片。

刷通关

41. **【答案】** B **【解析】** 本题考查会计要素计量属性及其应用原则。重置成本又称现行成本，是指按照当前市场条件，重新取得同样一项资产所需支付的现金或现金等价物金额，所以企业确认盘盈固定资产初始入账价值所采用的会计计量属性是重置成本，选项 B 正确。

42. **【答案】** A **【解析】** 本题考查借贷记账法下的试算平衡。全部账户的期初借方余额合计 = 全部账户的期初贷方余额合计，选项 A 错误；发生额试算平衡的直接依据是借贷记账法的记账规则，余额试算平衡的直接依据是基本会计等式（即资产 = 负债 + 所有者权益），选项 B 正确；试算平衡只是通过借贷金额是否平衡来检查账户记录是否正确的一种方法。如果借贷双方发生额或余额相等，表明账户记录基本正确，但有些错误并不影响借贷双方的平衡，因此，试算不平衡，表示记账一定有错误，但试算平衡时，也不能表明记账一定正确，选项 C、D 正确。

43. **【答案】** D **【解析】** 收款凭证是指用于记录库存现金和银行存款收款业务的记账凭证，是登记库存现金日记账、银行存款日记账以及有关明细分类账和总分类账等账簿的依据，也是出纳人员收讫款项的依据，选项 C 不符合题意；收款凭证左上角的"借方科目"按收款的性质填写"库存现金"或"银行存款"，选项 A 不符合题意；付款凭证是指用于记录库存现金和银行存款付款业务的记账凭证，付款凭证的左上角应填列贷方科目，即"库存现金"或"银行存款"科目，选项 B 不符合题意；转账凭证是指用于记录不涉及库存现金和银行存款业务的记账凭证，选项 D 符合题意。

44. **【答案】** D **【解析】** 本题考查对账。账账核对的内容主要包括：（1）总分类账簿之间的核对；（2）总分类账簿与所辖明细分类账簿之间的核对，即总分类账各账户的期末余额应与其所辖各明细分类账的期末余额之和核对相符，选项 B 不符合题意；（3）总分类账簿与序时账簿之间的核对，主要是指库存现金总账和银行存款总账的期末余额，与库存现金日记账和银行存款日记账的期末余额之间的核对，选项 A 不符合题意；（4）明细分类账簿之间的核对，选项 C 不符合题意。有关债权债务明细账账面余额与对方单位债权债务账面记录核对是否相符，属于账实核对的内容，选项 D 符合题意。

45. **【答案】** CD **【解析】** 本题考查会计科目。年末时，"本年利润"科目金额需全部转入"利润分配——未分配利润"科目，因此，年末一般无余额，选项 C 正确；《企业会计准则应用指南——会计科目和主要账务处理》中规定，除季节性的生产性企业外，"制造费用"科目期末应无余额，选项 D 正确。

46. **【答案】** BCD **【解析】** 本题考查借贷记账法的基本原理——借贷记账法下的账户对应关系与会计分录。

（1）将库存现金存入银行账户，会计分录如下：

借：银行存款

　　贷：库存现金

为一借一贷的会计分录，属于简单分录，选项 A 错误。

（2）采用售价金额法核算以银行存款购入的库存商品（不考虑增值税），会计分录如下：

借：库存商品

　　贷：银行存款

　　　　商品进销差价

为一借多贷的会计分录，属于复合分录，选项 B 正确。

（3）注销溢价回购的股份，会计分录如下：

借：股本

　　资本公积——股本溢价

　　盈余公积

　　利润分配——未分配利润

　　贷：库存股

为多借一贷的会计分录，属于复合分录，选项 C 正确。

（4）将未计提过减值准备的自用办公楼转为以公允价值模式计量的投资性房地产，转换当日公允价值高于账面价值，会计分录如下：

借：投资性房地产——成本

　　累计折旧

　　贷：固定资产

　　　　其他综合收益

为多借多贷的会计分录，属于复合分录，选项 D 正确。

47.【答案】×　【解析】本题考查会计要素计量属性。可变现净值是指在日常活动中，以预计售价减去进一步加工成本和预计销售费用以及相关税费后的净值。

48.【答案】×　【解析】本题考查财产清查的种类。不定期清查是根据实际需要所进行的临时性清查，事先并无规定的清查时间。不定期清查的清查范围根据实际需要，可以是全面清查，如在企业清算、撤销或合并时，为查清单位实际拥有资产情况所进行的临时性清查；也可以是局部清查，如因更换仓库保管人时，为分清经济责任，对被更换保管人员所管理的资产进行的清查，或发生非常灾害和意外损失时，为查明损失情况，对受灾的资产进行的清查等。

第三章 流动资产

刷基础

49. 【答案】B 【解析】本题考查其他货币资金。银行承兑汇票通过"应收票据"或"应付票据"科目核算。

50. 【答案】B 【解析】本题考查交易性金融资产的账务处理——持有交易性金融资产。资产负债表日，企业持有的交易性金融资产的公允价值高于其账面余额时的会计分录如下：

借：交易性金融资产——公允价值变动
　　贷：公允价值变动损益

选项B正确。

51. 【答案】D 【解析】本题考查应收账款。代职工垫付的应由其个人承担的医药费、应收保险公司的赔偿金与现金短缺中属于应由责任方赔偿的部分，应记入"其他应收款"科目，选项A、B、C错误。

52. 【答案】B 【解析】本题考查应收款项减值。12月31日应计提的坏账准备金额=90-（60-40）=70（万元）。

53. 【答案】C 【解析】本题考查存货的初始计量——存货的采购成本。甲公司该批原材料的入账价值=100+1+3=104（万元），选项C正确。

54. 【答案】A 【解析】本题考查发出存货计价方法——月末一次加权平均法。（1）原材料月末加权平均单价=（2 400×2.5+3 600×2.55）÷（2 400+3 600）=2.53（万元/件）；（2）该企业7月31日结存原材料的实际成本=[（2 400+3 600）-（2 000+3 500）]×2.53=500×2.53=1 265（万元）。

55. 【答案】C 【解析】本题考查周转材料——包装物。随同商品出售不单独计价的包装物，应按其实际成本计入销售费用；随同商品出售单独计价的包装物，应按其实际成本计入其他业务成本，选项C正确。

56. 【答案】ABD 【解析】本题考查其他货币资金。销售货物取得的银行本票款项，应通过"银行存款"科目核算，选项C错误。

57. 【答案】ACD 【解析】本题考查交易性金融资产的账务处理。出售交易性金融资产时无须转出持有期间累计确认的公允价值变动损益，选项B错误。

58. 【答案】ABCD 【解析】本题考查其他应收款。其他应收款是指企业除应收票据、应收账款、预付账款、应收股利和应收利息以外的其他各种应收及暂付款项。其主要内容包括：应收的各种赔款、罚款，如因企业财产等遭受意外损失而应向有关保险公司收取的赔款等；应收的出租包装物租金；应向职工收取的各种垫付款项，如为职工垫付的水电费、应由职工负担的医药费、房租费等；存出保证金，如租入包装物支付的押金；其他各种应收、暂付款项。

59.【答案】AB　【解析】本题考查存货概述——存货的核算内容。受托代销的Z商品，属于"受托代销商品"，不属于甲企业的存货，选项C错误；购入的建造用的工程材料，属于"工程物资"，不属于甲企业的存货，选项D错误。

60.【答案】ABCD　【解析】本题考查存货的初始计量——存货的采购成本。存货的采购成本，包括购买价款、相关税费、运输费、装卸费、保险费以及其他可归属于存货采购成本的费用。

61.【答案】ACD　【解析】本题考查发出存货成本的计价方法。在实际成本核算方式下，企业应当采用的发出存货成本的计价方法有个别计价法、先进先出法、月末一次加权平均法和移动加权平均法。

62.【答案】ABD　【解析】本题考查周转材料——包装物。随同商品销售出借的包装物的成本记入"销售费用"科目，选项C错误。

63.【答案】√　【解析】本题考查库存现金。一般按照单位3~5天日常零星开支所需确定库存现金限额；边远地区和交通不便地区的开户单位的库存现金限额，可按多于5天，但不得超过15天的日常零星开支的需要确定。

64.【答案】√　【解析】本题考查转让金融商品应交增值税。按现行增值税制度规定，企业实际转让金融商品，月末如产生转让收益，则按应纳税额，借记"投资收益"等科目，贷记"应交税费——转让金融商品应交增值税"科目；如产生转让损失，则可结转下月抵扣税额，借记"应交税费——转让金融商品应交增值税"科目，贷记"投资收益"等科目。

65.【答案】√　【解析】本题考查其他应收款。"其他应收款"科目的借方登记其他应收款的增加，贷方登记其他应收款的收回，期末余额一般在借方，反映企业尚未收回的其他应收款项。

66.【答案】√　【解析】本题考查发出存货成本的计价方法——先进先出法。先进先出法可以随时结转存货发出成本，但较烦琐。如果存货收发业务较多，且存货单价不稳定时，其工作量较大。在物价持续上升时，期末存货成本接近于市价，而发出成本偏低，会高估企业当期利润和库存存货价值；反之，会低估企业存货价值和当期利润。

67.【答案】√　【解析】本题考查周转材料——低值易耗品。分次摊销法适用于可供多次反复使用的低值易耗品。

68.【答案】×　【解析】本题考查委托加工物资的账务处理。委托其他单位加工物资收回后直接对外销售的，受托方代收代缴的消费税应计入委托加工物资的成本。委托加工物资收回后用于连续生产应税消费品的，应将代收代缴的消费税记入"应交税费——应交消费税"科目的借方。

刷提高

69.【答案】A 【解析】本题考查其他货币资金。企业收到退回的银行汇票多余款项的会计处理为：

借：银行存款

　　贷：其他货币资金

选项 A 正确。

70.【答案】C 【解析】本题考查交易性金融资产的账务处理——取得交易性金融资产。支付价款中包含的已宣告但尚未发放的现金股利，应当记入"应收股利"科目，选项 A 错误；支付价款中包含的已到付息期但尚未领取的债券利息，应当记入"应收利息"科目，选项 B 错误；支付的不含增值税的交易费用，应当记入"投资收益"科目，选项 C 正确；支付交易费用时取得经税务机关认证的增值税专用发票上注明的增值税税额，应当记入"应交税费——应交增值税（进项税额）"科目，选项 D 错误。

71.【答案】B 【解析】本题考查原材料——采用计划成本核算。（1）当月材料成本差异率 = $(-2-10) \div (30+120) \times 100\% = -8\%$；（2）当月发出材料的实际成本 = $100 \times (1-8\%) = 92$（万元）。

72.【答案】A 【解析】本题考查毛利率法。

单位：万元

项目	成本
月初（1）	300
购入（2）	800
合计（3）=（1）+（2）	1 100
销售（4）	成本 =（1 080 - 80）×（1 - 20%）= 800
月末库存 =（3）-（4）	300

73.【答案】C 【解析】本题考查存货减值。因 M 商品的账面金额为 300 万元，预计可收回金额为 250 万元，且甲企业存货跌价准备科目期初余额为零，则甲企业 M 商品期末计提的存货跌价准备的会计分录如下：

借：资产减值损失（300 - 250）　　　　　　　　　　　　50

　　贷：存货跌价准备　　　　　　　　　　　　　　　　　　50

选项 C 正确。

74.【答案】CD 【解析】本题考查坏账准备的账务处理。选项 A，当期确认的坏账损失：

借：坏账准备

　　贷：应收账款

选项 B，冲回多提的坏账准备：

借：坏账准备

　　贷：信用减值损失

选项 C，当期应补提的坏账准备：

借：信用减值损失

　　贷：坏账准备

选项 D，已转销的坏账当期又收回：

借：银行存款

　　贷：坏账准备

75.【答案】C 【解析】本题考查应收账款的账务处理。甲企业应收账款的入账金额 = 180 + 23.4 + 2 + 0.18 = 205.58（万元），选项 C 正确。

76.【答案】ABCD 【解析】本题考查交易性金融资产的初始计量。选项 A、B、C、D 均正确。

77.【答案】BD 【解析】本题考查存货的清查。自然灾害导致的存货毁损不涉及增值税进项税额的转出，该笔业务的会计分录为：

借：待处理财产损溢　　　　　　　　　　　　　　　　　20

　　贷：原材料　　　　　　　　　　　　　　　　　　　　　　20

借：其他应收款　　　　　　　　　　　　　　　　　　10

　　营业外支出　　　　　　　　　　　　　　　　　　10

　　　　贷：待处理财产损溢　　　　　　　　　　　　　　　　20

78.【答案】AC 【解析】本题考查存货清查。甲公司的原材料毁损是地震造成，所以原材料对应的增值税可以继续抵扣，不应作转出的会计处理，相关会计分录如下：

（1）批准处理前：

借：待处理财产损溢　　　　　　　　　　　　　　　　100

　　贷：原材料　　　　　　　　　　　　　　　　　　　　　100

（2）批准处理后：

借：其他应收款　　　　　　　　　　　　　　　　　　80

　　营业外支出　　　　　　　　　　　　　　　　　　20

　　　　贷：待处理财产损溢　　　　　　　　　　　　　　　100

选项 A、C 正确。

79.【答案】× 【解析】本题考查交易性金融资产的出售。出售交易性金融资产支付的转让金融商品增值税应记入"投资收益"科目的借方。

80.【答案】× 【解析】本题考查应收票据。对于票据贴现，企业通常应按实际收到的金额，借记"银行存款"科目，按应收票据的票面金额，贷记"应收票据"科目，按其差额，借记或贷记"财务费用"科目。

81.【答案】√ 【解析】本题考查原材料——计划成本法。采用计划成本核算的存货，若为超支差的存货，则计入原材料与材料成本差异的金额方向相同（入库时，同为借方；出库时，同为贷方），则两者金额相加即为该存货的实际成本；反之，如果是节约差的存货，则计入原材料与材料成本差异的金额方向相反（入库时，原材料在借方，材料成本差异在贷方；出库时，原材料在贷方，材料成本差异在借方），则两者金额相减即为该存货的实际成本。

82.（1）【答案】ABC 【解析】本题考查应收款项减值——备抵法。

选项 A 正确，确认应收账款预期信用减值损失：

借：信用减值损失

　　贷：坏账准备

营业利润＝营业收入－营业成本－税金及附加－销售费用－管理费用－研发费用－财务费用＋其他收益＋投资收益（－投资损失）＋净敞口套期收益（－净敞口套期损失）＋公允价值变动收益（－公允价值变动损失）－信用减值损失－资产减值损失＋资产处置收益（－资产处置损失）

所以该业务会使信用减值损失的金额增加，进而使营业利润减少。

选项 B 正确，谨慎性要求企业不高估资产与收益，不低估负债与费用，所以对应收账款确认预期信用减值损失，属于不高估资产的体现，故符合谨慎性会计信息质量要求。

选项 C 正确，将无法收回的应收账款作为坏账转销：

借：坏账准备

　　贷：应收账款

该业务会使坏账准备和应收账款同时减少，所以不会影响应收账款账面价值。

选项 D 错误，已计提的坏账准备在以后期间可以转回。

（2）【答案】AD 【解析】本题考查应收款项减值——备抵法。将无法收回的应收账款作为坏账转销的会计分录为：

借：坏账准备　　　　　　　　　　　　　　　　　　　5

　　贷：应收账款　　　　　　　　　　　　　　　　　　　5

选项 A、D 正确。

（3）【答案】AB 【解析】本题考查应收款项减值。收回已确认并转销的应收账款的会计分录：

借：应收账款　　　　　　　　　　　　　　　　　　　10

　　贷：坏账准备　　　　　　　　　　　　　　　　　　　10

借：银行存款　　　　　　　　　　　　　　　　　　　10

　　贷：应收账款　　　　　　　　　　　　　　　　　　　10

选项 A、B 正确。

（4）【答案】D 【解析】本题考查应收款项减值——备抵法。截至 12 月 31 日坏账准备贷方已有金额＝30－5＋10＝35（万元）；截至 12 月 31 日坏账准备贷方应有金额＝20万元；因截至12月31日坏账准备贷方已有金额（35万元）高于应有金额（20万元），所以应冲销坏账准备的金额＝35－20＝15（万元）。会计分录为：

借：坏账准备　　　　　　　　　　　　　　　　　　　　　　　　15
　　贷：信用减值损失　　　　　　　　　　　　　　　　　　　　　　　15

(5)【答案】B　【解析】本题考查资产负债表的编制——资产负债表项目填列说明。"应收账款"项目期末余额栏应填列的金额＝"应收账款"科目期末余额－"坏账准备"科目期末余额＝（600－5）－20＝575（万元），选项B正确。

83.(1)【答案】C　【解析】本题考查交易性金融资产的账务处理——取得交易性金融资产。

甲公司购买股票应记入"交易性金融资产——成本"科目的金额＝1 010－10＝1 000（万元），会计分录为：

借：交易性金融资产——成本　　　　　　　　　　　　　　　1 000
　　应收股利　　　　　　　　　　　　　　　　　　　　　　　　10
　　投资收益　　　　　　　　　　　　　　　　　　　　　　　　2.5
　　应交税费——应交增值税（进项税额）　　　　　　　　　　0.15
　　贷：其他货币资金——存出投资款　　　　　　　　　　　　1 012.65

选项C正确。

(2)【答案】B　【解析】本题考查交易性金融资产的账务处理——持有交易性金融资产。1月16日甲公司收到乙上市公司发放现金股利时：

借：其他货币资金——存出投资款　　　　　　　　　　　　　　10
　　贷：应收股利　　　　　　　　　　　　　　　　　　　　　　　10

选项B正确。

(3)【答案】AC　【解析】本题考查交易性金融资产的账务处理——持有交易性金融资产。

甲公司3月31日的会计处理为：

借：交易性金融资产——公允价值变动　　　　　　　　　　　　80
　　贷：公允价值变动损益　　　　　　　　　　　　　　　　　　　80

选项A、C正确。

(4)【答案】BCD　【解析】本题考查交易性金融资产的账务处理——出售交易性金融资产。甲公司6月30日出售乙上市公司股票时的会计分录如下：

借：其他货币资金——存出投资款　　　　　　　　　　　　　1 260
　　贷：交易性金融资产——成本　　　　　　　　　　　　　　1 000
　　　　　　　　　　——公允价值变动　　　　　　　　　　　　80
　　　投资收益　　　　　　　　　　　　　　　　　　　　　　180
借：投资收益　　　　　　　　　　　　　　　　　　　　　　14.15
　　贷：应交税费——转让金融商品应交增值税　　　　　　　　14.15

"投资收益"科目 = 180 − 14. 15 = 165. 85（万元）。

(5)【答案】A 【解析】本题考查交易性金融资产的账务处理——出售交易性金融资产。该股票投资对甲公司 2 ×23 年度营业利润的影响额 =（1 260 − 1 080）− 2. 5 − 14. 15 + 80 = 243. 35（万元）。

刷易错

84.【答案】C 【解析】本题考查库存现金。企业现金清查发现的无法查明原因的现金短款，经批准后应记入"管理费用"科目，选项 C 正确。

85.【答案】A 【解析】本题考查存货清查。该企业原材料盘亏净损失的会计处理如下：

借：待处理财产损溢	30 000	
贷：原材料		30 000
借：其他应收款	10 000	
营业外支出	20 000	
贷：待处理财产损溢		30 000

选项 A 正确。

86.【答案】AD 【解析】本题考查原材料——采用计划成本核算。"材料成本差异"科目反映企业已入库各种材料的实际成本与计划成本的差异，借方登记超支差异及发出材料应负担的节约差异，贷方登记节约差异及发出材料应负担的超支差异，选项 A、D 正确。

87.【答案】× 【解析】本题考查库存现金。开户单位支付现金，可以从本单位库存现金限额中支付或从开户银行提取，不得从本单位的现金收入中直接支付（即坐支）。

88.(1)【答案】ACD 【解析】本题考查存货的初始计量——存货的采购成本。甲材料的初始入账金额 = 800 + 10 = 810（万元），选项 A 正确，选项 B 错误。该笔业务的会计分录为：

借：原材料	810	
应交税费——应交增值税（进项税额）	104	
贷：应付票据		904
银行存款		10

(2)【答案】AC 【解析】本题考查材料销售业务的账务处理。销售甲材料的会计分录为：

借：应收账款	440. 7	
贷：其他业务收入		390
应交税费——应交增值税（销项税额）		50. 7

（3）【答案】ABC 【解析】本题考查发出存货的计价方法——先进先出法。因该公司对发出材料采用先进先出法核算，所以选项中的相关业务的会计处理，按先后顺序排序如下：

①对外销售300千克，该部分存货从期初结存的材料中领用，单位成本为1.2万元/千克，所以销售成本＝300×1.2＝360（万元），会计分录如下：

借：其他业务成本 360

　　贷：原材料 360

选项A正确。

②生产M产品领用600千克，该部分存货从期初结存的材料中领用，单位成本为1.2万元/千克，所以生产成本＝600×1.2＝720（万元），会计分录如下：

借：生产成本——M产品 720

　　贷：原材料 720

选项B正确。

③自营建造厂房领用200千克，该部分存货需从期初结存的材料中领用100千克，单位成本为1.2万元/千克；另外，从5日购入甲材料中领用100千克，单位成本＝810÷600＝1.35（万元/千克），所以建造成本＝100×1.2＋100×1.35＝255（万元），会计分录如下：

借：在建工程 255

　　贷：原材料 255

选项C正确。

（4）【答案】AD 【解析】本题考查存货减值。①期末甲材料结存的成本＝（600－100）×1.35＝675（万元）；②预计可变现净值为650万元，根据成本与可变现净值孰低原则，甲材料发生减值，减值的金额＝675－650＝25（万元），会计分录如下：

借：资产减值损失 25

　　贷：存货跌价准备 25

选项A、D正确。

（5）【答案】B 【解析】本题考查存货减值。根据成本与可变现净值孰低原则，期末甲材料的成本为675万元，可变现净值为650万元，成本高于可变现净值，所以期末应按照可变现净值对该存货计量，故该公司2×23年12月31日库存甲材料的账面价值为650万元，选项B正确。

刷通关

89.【答案】B 【解析】本题考查存货的初始计量——存货的采购成本。存货的采购成本，包括购买价款、相关税费、运输费、装卸费、保险费以及其他可归属于存货采购成本的费用。

（1）该批商品入库总金额 = 100 × (1 – 10%) = 90（万元）。

（2）该批商品入库总数量 = 100 × (1 – 25%) = 75（千克）。

（3）该批商品的单位成本 = 90 ÷ 75 = 1.2（万元/千克）。

选项 B 正确。

90. 【答案】A 【解析】本题考查委托加工物资。需要交纳消费税的委托加工物资，由受托方代收代缴的消费税，加工收回后用于直接销售的，按规定计税时不准予扣除，计入加工物资的成本；收回后用于继续加工的，记入"应交税费——应交消费税"科目。甲公司该批委托加工物资的入账金额 = 400 + 20 = 420（万元）。

91. 【答案】D 【解析】本题考查库存商品——售价金额核算法。（1）商品进销差价率 = (20 + 30) ÷ (220 + 180) × 100% = 12.5%；（2）本期销售商品应分摊的商品进销差价 = 240 × 12.5% = 30（万元）；（3）本期销售商品的实际成本 = 240 – 30 = 210（万元）；（4）期末结存商品的实际成本 = 200 + 150 – 210 = 140（万元）。

92. 【答案】C 【解析】本题考查存货跌价准备的计提与转回、存货跌价准备的账务处理。存货期末计量采用成本与可变现净值孰低计量。

（1）6 月 30 日，该批 M 商品的可变现净值为 280 万元，低于成本 300 万元。

该企业 12 月 31 日有关 M 商品计提存货跌价准备金额 = 300 – 280 = 20（万元）。

（2）12 月 31 日，该批 M 商品的可变现净值为 310 万元，高于账面价值 280 万元，应以原计提的存货跌价准备为限，予以转回。

该企业 12 月 31 日，有关 M 商品转回存货跌价准备金额 = 300 – 280 = 20（万元），选项 C 正确。

会计分录如下：

6 月 30 日：

借：资产减值损失 20

  贷：存货跌价准备 20

12 月 31 日：

借：存货跌价准备 20

  贷：资产减值损失 20

93. 【答案】BC 【解析】本题考查存货清查。属于一般经营损失的部分，记入"管理费用"科目，选项 A 错误；属于非常损失的部分，记入"营业外支出"科目，选项 D 错误。

94. 【答案】× 【解析】本题考查库存现金。企业发现未查明原因的现金溢余，按管理权限报经批准后应记入"营业外收入"科目。

95. 【答案】√ 【解析】本题考查计划成本法。企业采用计划成本法核算原材料，平时收到原材料时应按实际成本借记"材料采购"科目，领用或发出原材料时应按计划成本贷记"原材料"科目，期末再将发出材料和期末结存材料调整为实际成本。

96. 【答案】√ 【解析】本题考查原材料——实际成本法。企业购进的货物等已到达并验收入库，但尚未收到增值税扣税凭证且未付款的，应在月末按货物清单或相关合同协议上的价格暂估入账。

97. (1)【答案】B　【解析】本题考查应收账款。应收账款的入账价值包括商品的价款、增值税销项税额和各种代垫款项。相应的会计分录为：

借：应收账款——乙公司　　　　　　　　　　　　　605 000
　　贷：主营业务收入　　　　　　　　　　　　　　　500 000
　　　　应交税费——应交增值税（销项税额）　　　　 65 000
　　　　银行存款　　　　　　　　　　　　　　　　　 40 000

选项 B 正确。

(2)【答案】ABD　【解析】本题考查应付票据。甲公司采购材料相关会计分录如下：

借：原材料　　　　　　　　　　　　　　　　　　　270 000
　　应交税费——应交增值税（进项税额）　　　　　 35 100
　　贷：应收票据　　　　　　　　　　　　　　　　　300 000
　　　　银行存款　　　　　　　　　　　　　　　　　　5 100

选项 A、B、D 正确。

(3)【答案】D　【解析】本题考查应收款项减值。甲公司核销坏账的会计分录如下：

借：坏账准备——应收账款　　　　　　　　　　　　 40 000
　　贷：应收账款——丙公司　　　　　　　　　　　　 40 000

【提示】我国企业会计准则规定，应收款项减值的核算应采用备抵法，选项 A 为直接转销法，选项 A 错误。

(4)【答案】BC　【解析】本题考查应收款项减值。期初"坏账准备——应收账款"科目贷方余额80 000 元，本期核销坏账 40 000 元，所以在计提坏账准备前，"坏账准备——应收账款"科目贷方余额 = 80 000 - 40 000 = 40 000（元），选项 C 正确；31 日，经评估计算，甲公司"坏账准备——应收账款"科目应保持的贷方余额为 102 400 元，大于"坏账准备——应收账款"科目贷方已有金额 40 000 元，所以应补提坏账的金额 = 102 400 - 60 000 = 42 400（元），选项 B 正确。

(5)【答案】C　【解析】本题考查资产负债表的编制。资产负债表中"应收账款"期末余额应列示的金额 = 800 000 + 605 000 - 40 000 - 102 400 = 1 262 600（元），选项 C 正确。

98. (1)【答案】ABCD　【解析】本题考查原材料——计划成本法。A 公司原材料采用计划成本法核算，8 日，购入原材料的计划成本为 300 万元，所以应按照 300 万元借记"原材料"科目，选项 A 正确；期初资料中，"材料成本差异"贷方余额为 10 万元（节约差），本期购入的原材料，"材料成本差异"贷方增加 10 万元，所以该笔业务后，"材料成本差异"科目的贷方余额为 20 万元，选项 B 正确；材料成本差异率 = (-10 - 10) ÷ (200 + 300) × 100% = -4%，选项 C 正确；原材料的实际成本 = 500 - 20 = 480（万元），选项 D 正确。

（2）【答案】D 【解析】本题考查库存商品——售价金额核算法。B 公司购入 N 商品的会计分录如下：

借：库存商品　　　　　　　　　　　　　　　　　110
　　应交税费——应交增值税（进项税额）　　　　　13
　　　贷：银行存款　　　　　　　　　　　　　　　113
　　　　　商品进销差价　　　　　　　　　　　　　10
选项 D 正确。

（3）【答案】ABCD 【解析】本题考查库存商品——售价金额核算法。（1）N 商品进销差价率 =（10 + 15）÷（110 + 90）× 100% = 12.5%，选项 A 正确。（2）已销 N 商品应分摊的商品进销差价 = 120 × 12.5% = 15（万元），选项 B 正确。（3）本期销售 N 商品的实际成本 = 120 - 15 = 105（万元），选项 C 正确。销售 N 商品会计分录如下：

借：银行存款　　　　　　　　　　　　　　　　　135.6
　　　贷：主营业务收入　　　　　　　　　　　　　120
　　　　　应交税费——应交增值税（销项税额）　　15.6
借：主营业务成本　　　　　　　　　　　　　　　105
　　商品进销差价　　　　　　　　　　　　　　　15
　　　贷：库存商品　　　　　　　　　　　　　　　120
选项 D 正确。

（4）【答案】BC 【解析】本题考查原材料——计划成本法。该原材料是负担节约差的存货，所以生产领用原材料的成本 = 400 ×（1 - 4%）= 384（万元），选项 A 错误；结存原材料的实际成本 =（200 - 10）+ 290 - 384 = 96（万元），选项 D 错误。会计分录如下：

借：生产成本　　　　　　　　　　　　　　　　　384
　　材料成本差异　　　　　　　　　　　　　　　16
　　　贷：原材料　　　　　　　　　　　　　　　　400
选项 B、C 正确。

（5）【答案】AD 【解析】本题考查原材料——计划成本法。A 公司采购原材料的会计分录如下：

①2 × 23 年 10 月 28 日，A 公司收到材料：
此时没有收到发票账单，因此不作账务处理。
②2 × 23 年 10 月 31 日，A 公司未收到发票，应按照计划成本 80 万元估价入账：
借：原材料　　　　　　　　　　　　　　　　　　80
　　　贷：应付账款——暂估应付款　　　　　　　　　80

第四章　非流动资产

99.【答案】B　【解析】本题考查长期股权投资的账务处理——权益法下被投资单位实现盈利或发生亏损的会计处理。采用权益法对长期股权投资进行后续计量时，被投资单位发生亏损的会计分录如下：

借：投资收益

贷：长期股权投资——损益调整

选项 B 正确。

100.【答案】B　【解析】本题考查长期股权投资的初始计量——同一控制下企业合并。同一控制企业合并中，长期股权投资的初始投资成本为合并日应享有的被合并方在最终控制方合并财务报表中净资产的账面价值的份额。所以，甲公司该长期股权投资的初始投资成本 = 8 000 ×80% = 6 400（万元），选项 B 正确。

101.【答案】B　【解析】本题考查长期股权投资的初始计量——非同一控制下企业合并。非同一控制下企业中，长期股权投资的初始投资成本为支付资产、承担负债以及发行权益工具的公允价值。甲公司该长期股权投资的初始投资成本为 8 000 万元，会计分录如下：

借：长期股权投资	8 000	
累计折旧	1 500	
贷：固定资产		9 000
资产处置损益		500
借：管理费用	160	
贷：银行存款		160

选项 B 正确。

102.【答案】D　【解析】本题考查长期股权投资的后续计量——权益法。被投资单位发放股票股利时，不进行账务处理，不影响权益的变动，选项 D 正确。

103.【答案】D　【解析】本题考查投资性房地产的初始计量——自用房产或存货转为采用公允价值模式的投资性房地产。企业将自用房产转为以公允价值模式计量的投资性房地产的会计分录如下：

借：投资性房地产——成本【应按照转换日的公允价值计量】

累计折旧

固定资产减值准备

公允价值变动损益【转换日公允价值小于原账面价值的金额】

　　贷：固定资产

　　　　其他综合收益【转换日公允价值大于原账面价值的金额】

选项 A、B、C 错误。

处置时，

借：其他综合收益【或贷】

　　贷：其他业务成本【或借】

选项 D 正确。

104.【答案】B 【解析】本题考查投资性房地产的后续计量——公允价值模式。采用公允价值模式进行后续计量，投资性房地产不应计提折旧或摊销，选项 A 错误；同一企业只能采用一种模式对所有投资性房地产进行后续计量，不得同时采用两种计量模式，选项 C 错误；采用公允价值模式计量的，不计提减值准备，选项 D 错误。

105.【答案】A 【解析】本题考查投资性房地产的确认——时点。对于已出租的土地使用权、已出租的建筑物，其作为投资性房地产的确认时点一般为租赁期开始日，即土地使用权、建筑物进入出租状态、开始赚取租金的日期。但对于企业持有以备经营出租的空置建筑物，董事会或类似机构作出书面决议，明确表明其用于经营租出且持有意图短期内不再发生变化的，即使尚未签订租赁协议，也应视为投资性房地产，选项 A 正确。

106.【答案】C 【解析】本题考查固定资产的初始计量——外购固定资产。甲公司该生产设备的入账价值 = 50 + 1 + 0.5 = 51.5（万元），会计分录如下：

借：固定资产　　　　　　　　　　　　　　　　　　　　51.5

　　应交税费——应交增值税（进项税额）　　　　　　　6.5

　　贷：银行存款　　　　　　　　　　　　　　　　　　　　58

选项 C 正确。

107.【答案】A 【解析】本题考查固定资产的初始计量——建造固定资产。企业建造办公楼领用外购原材料的会计分录如下：

借：在建工程　　　　　　　　　　　　　　　　　　　　20

　　贷：原材料　　　　　　　　　　　　　　　　　　　　　20

选项 A 正确。

108.【答案】C 【解析】本题考查固定资产折旧方法——双倍余额递减法。无论使用何种折旧方法，其折旧总额相同，选项 C 错误。

109.【答案】B 【解析】本题考查固定资产的处置。固定资产清理过程中支付的清理费用，应通过"固定资产清理"科目核算，选项 A 错误；出售因自然灾害毁损的固定资产产生的利得，应通过"营业外收入"科目核算，选项 C 错误；转让固定资产产生的损失，应通过"资产处置损益"科目核算，选项 D 错误。

110.【答案】BD 【解析】本题考查长期股权投资的确认与计量。企业会计准则规定，投资方对联营企业和合营企业的长期股权投资应当采用权益法核算,选项 B、D正确。

111. 【答案】AC 【解析】本题考查投资性房地产的概述。持有并准备增值后转让的土地使用权,是指企业通过出让或转让方式取得的并准备增值后转让的土地使用权。按照国家有关规定认定的闲置土地,不属于持有并准备增值后转让的土地使用权,选项 B 错误;企业以经营租赁方式租入建筑物再转租的建筑物不属于投资性房地产,选项 D 错误。

112. 【答案】ABCD 【解析】本题考查固定资产折旧概述。影响固定资产折旧的主要因素包括:(1)固定资产原价;(2)预计净残值;(3)固定资产减值准备;(4)固定资产使用寿命。
选项 A、B、C、D 正确。

113. 【答案】BC 【解析】本题考查固定资产折旧概述。除以下情况外,企业应当对所有固定资产计提折旧:
(1)已提足折旧仍继续使用的固定资产。
(2)单独计价入账的土地。
选项 A、D 错误。

114. 【答案】AC 【解析】本题考查固定资产的处置。盘亏办公设备,通过"待处理财产损溢"科目核算,选项 B 错误;盘盈办公设备,通过"以前年度损益调整"科目核算,选项 D 错误。

115. 【答案】× 【解析】本题考查无形资产减值。无形资产发生减值,在以后期间不可以转回。

116. 【答案】× 【解析】本题考查长期股权投资的后续计量——权益法。采用权益法核算的长期股权投资的初始投资成本高于其享有的可辨认净资产公允价值差额的,不作调整。

117. 【答案】√ 【解析】本题考查投资性房地产的确认。对已出租的土地使用权、已出租的建筑物,其作为投资性房地产的确认时点一般为租赁期开始日,即土地使用权、建筑物进入出租状态、开始赚取租金的日期。但对企业持有以备经营出租的空置建筑物,董事会或类似机构作出书面决议,明确表明将其用于经营出租且持有意图短期内不再发生变化的,即使尚未签订租赁协议,也应视为投资性房地产。

118. 【答案】× 【解析】本题考查固定资产折旧概述。固定资产使用寿命、预计净残值和折旧方法的改变应当作为会计估计变更进行会计处理。

119. 【答案】√ 【解析】本题考查固定资产折旧方法——年数总和法。企业采用年数总和法对固定资产计提折旧时,各年中固定资产的原价减去预计净残值的余额始终保持不变,年折旧率逐年降低,折旧额逐年减少,逐年降低的幅度较双倍余额递减法有所减缓,会计处理结果比较稳健。

刷提高

120. 【答案】D 【解析】本题考查固定资产清查。企业盘亏固定资产的会计分录如下：

（1）盘亏生产设备时：

借：待处理财产损溢　　　　　　　　　　　6

　　累计折旧　　　　　　　　　　　　　　4

　　　贷：固定资产　　　　　　　　　　　　　　　10

（2）转出不可抵扣的增值税：

借：待处理财产损溢　　　　　　　　　　　0.78

　　　贷：应交税费——应交增值税（进项税额转出）　　0.78

（3）报经批准转销时：

借：营业外支出　　　　　　　　　　　　　6.78

　　　贷：待处理财产损溢　　　　　　　　　　　　6.78

选项 D 正确。

【提示】根据现行增值税制度的规定，购进货物及不动产发生非正常损失，其负担的进项税额不得抵扣，其中购进货物包括被确认为固定资产的货物。但是，如果盘亏的是固定资产，应按其账面净值（即固定资产原价 – 已计提折旧）乘以适用税率计算不可以抵扣的进项税额。本题中，购入时的增值税进项税额中不可从销项税额中抵扣的金额 =（10 – 4）×13% = 0.78（万元）。

121. 【答案】B 【解析】本题考查长期股权投资的账务处理——以非合并方式形成的长期股权投资、长期股权投资的账务处理——采用权益法下长期股权投资的会计处理。

（1）甲公司取得乙公司 25% 有表决权的股份，并能够施加重大影响，属于以非合并方式形成的长期股权投资。其初始投资成本为支付资产、承担负债，以及发行权益工具的公允价值，加上中介费用。因此，该长期股权投资的初始投资成本 = 3 600 + 1 400 = 5 000（万元），选项 A 错误。

（2）2×23 年 9 月 1 日，甲公司享有的乙公司可辨认净资产公允价值的份额 = 16 000 × 25% = 4 000（万元）。

投资当日，甲公司该长期股权投资的初始投资成本金额高于享有的乙公司可辨认净资产公允价值的份额，所以该长期股权投资的初始入账价值为 5 000 万元，选项 B 正确。

（3）甲公司取得乙公司 25% 有表决权的股份，并能够施加重大影响，属于以非合并方式形成的长期股权投资。因此，为取得该长期股权投资而支付的资产、承担的负债以及发行的权益工具，应当按照公允价值进行计量，选项 C 错误。

（4）2×23 年 9 月利润表中"营业利润"的影响金额 = 1 400 –（2 300 – 1 300）= 400（万元），选项 D 错误。

会计分录如下：

借：长期股权投资——成本　　　　　　　　　　　　　　　　5 000

　　　累计摊销　　　　　　　　　　　　　　　　　　　　　1 300

　　　　贷：银行存款　　　　　　　　　　　　　　　　　　　　　3 600

　　　　　　无形资产　　　　　　　　　　　　　　　　　　　　　2 300

　　　　　　资产处置损益　　　　　　　　　　　　　　　　　　　　400

122.【答案】C【解析】本题考查无形资产的初始计量——外购无形资产。该企业购入的专利权的入账价值 = 150 + 10 = 160（万元），会计分录如下：

借：无形资产　　　　　　　　　　　　　　　　　　　　　　　160

　　应交税费——应交增值税（进项税额）　　　　　　　　　　9.6

　　　贷：银行存款　　　　　　　　　　　　　　　　　　　　　169.6

选项 C 正确。

123.【答案】B【解析】本题考查无形资产的摊销和无形资产的减值。使用寿命不确定的无形资产不进行摊销，选项 A 错误；使用寿命确定的无形资产应当在其出现减值迹象时，进行减值测试，选项 C 错误；使用寿命不确定的无形资产至少每年进行一次减值测试，选项 D 错误。

124.【答案】D【解析】本题考查投资性房地产的处置。该企业处置投资性房地产的会计分录如下：

借：银行存款　　　　　　　　　　　　　　　　　　　　　　4 000

　　　贷：其他业务收入　　　　　　　　　　　　　　　　　　　4 000

借：其他业务成本　　　　　　　　　　　　　　　　　　　　3 000

　　投资性房地产累计折旧　　　　　　　　　　　　　　　　5 000

　　　贷：投资性房地产　　　　　　　　　　　　　　　　　　　8 000

选项 D 正确。

125.【答案】C【解析】本题考查长期股权投资的初始计量——同一控制下企业合并。同一控制下企业合并，合并方应按照合并日应享有的被合并方在最终控制方合并财务报表中净资产的账面价值的份额作为初始投资成本。本题中，母公司合并报表中乙公司的净资产账面价值为 5 000 万元，所以甲公司该长期股权投资的初始投资成本 = 5 000 × 100% = 5 000（万元），会计分录如下：

借：长期股权投资　　　　　　　　　　　　　　　　　　　　5 000

　　资本公积　　　　　　　　　　　　　　　　　　　　　　　200

　　　贷：银行存款　　　　　　　　　　　　　　　　　　　　　5 200

选项 C 正确。

126.【答案】AD【解析】本题考查固定资产的处置。出售老旧生产设备和报废交通事故的运输车辆，应通过"固定资产清理"科目核算，选项 A、D 正确；盘亏行政管理用的办公设备，应通过"待处理财产损溢"科目核算，选项 B 错误；盘盈销售机构装卸设备，属于前期重大差错，应通过"以前年度损益调整"科目核算，选项 C 错误。

127. 【答案】AB 【解析】本题考查长期股权投资的后续计量——权益法。权益法下，被投资单位发生净亏损作相反的会计分录，但以"长期股权投资"科目的账面价值减记至零为限；还需承担的投资损失，应将其他实质上构成对被投资单位净投资的"长期应收款"等的账面价值减记至零为限；除按照以上步骤已确认的损失外，按照投资合同或协议约定将承担的损失，确认为预计负债。除上述情况仍未确认的应分担被投资单位的损失，应在账外备查登记（发生亏损的被投资单位以后实现净利润的，应按与上述相反的顺序进行处理），选项 C 错误；权益法下，投资方按比例确认的被投资单位宣告发放现金股利，贷记"长期股权投资——损益调整"科目，选项 D 错误。

128. 【答案】ABCD 【解析】本题考查无形资产的账务处理——取得。

（1）如果企业购买土地使用权是用于出租赚取租金的，应记入"投资性房地产"科目，选项 A 正确；

（2）如果非房地产企业购买的土地使用权是用于自行开发建造厂房等地上建造物的，应借记"无形资产"科目，选项 B 正确；

（3）如果房地产企业购买的土地使用权是用于建造商品房等的，借记"开发成本"科目，选项 C 正确；

（4）如果房地产企业购买的土地使用权是用于建造自用办公楼等的，借记"无形资产"科目，选项 D 正确。

129. 【答案】BC 【解析】本题考查无形资产的概述。企业自创商誉及内部产生的品牌、报刊名等，无法与企业的整体资产分离而存在，不具有可辨认性，按现行会计准则规定不应确认为无形资产，选项 A 错误；企业自创的、未注册的商标不能形成知识产权，因此不能成为企业的无形资产，选项 D 错误。

130. 【答案】√ 【解析】本题考查固定资产减值。企业固定资产减值损失一经确认，在以后会计期间不得转回。

131. 【答案】√ 【解析】本题考查无形资产的初始计量——自行研究开发无形资产。企业如果无法可靠区分研究阶段的支出和开发阶段的支出，应将发生的研发支出全部费用化，计入当期损益，记入"管理费用"科目的借方。

132. 【答案】× 【解析】本题考查无形资产的摊销。企业选择的无形资产摊销方法，应当反映与该项无形资产有关的经济利益的预期消耗方式。无法可靠确定预期实现方式的，应当采用年限平均法摊销。

133. 【答案】× 【解析】企业对按成本模式进行后续计量的投资性房地产计提的折旧，计入当期损益。企业对按公允价值模式进行后续计量的投资性房地产不需要计提折旧。

134. 【答案】√ 【解析】本题考查固定资产的初始计量——外购固定资产。小规模纳税人购买固定资产的增值税进项税额不得抵扣，计入固定资产成本。

135. 【答案】× 【解析】本题考查长期待摊费用。长期待摊费用是指企业已经发生但应由本期和以后各期负担的分摊期限在 1 年以上的各项费用，如以租赁方式租入的使用权资产发生的改良支出。

刷易错

136. 【答案】B 【解析】本题考查固定资产折旧方法——双倍余额递减法。

（1）固定资产的初始入账价值 $= 560 + 30 + 10 = 600$（万元）。

（2）第 1 年折旧额 $= 600 \times 2 \div 5 = 240$（万元），其中属于 2×22 年的折旧额 $= 240 \times 3 \div 12 = 60$（万元），属于 2×23 年的折旧额 $= 240 \times 9 \div 12 = 180$（万元）。

（3）第 2 年折旧额 $= (600 - 240) \times 2 \div 5 = 144$（万元），其中属于 2×23 年的折旧额 $= 144 \times 3 \div 12 = 36$（万元），属于 2×23 年的折旧额 $= 144 \times 9 \div 12 = 108$（万元）。甲公司 2×23 年该环保设备应计提的折旧额 $= 180 + 36 = 216$（万元）。

137. 【答案】D 【解析】本题考查投资性房地产概述。用于出售的楼盘，属于存货，选项 A 错误；用于自建厂房的土地使用权，属于无形资产，选项 B 错误；拥有并自行经营的旅馆，属于固定资产，选项 C 错误。

138. 【答案】A 【解析】本题考查投资性房地产的处置。企业处置该投资性房地产使其营业利润增加的金额 $= 70 - 60 = 10$（万元），会计分录如下：

借：银行存款　　　　　　　　　　　　　　　　　　70

　　贷：其他业务收入　　　　　　　　　　　　　　　　　70

借：其他业务成本　　　　　　　　　　　　　　　　60

　　贷：投资性房地产——成本　　　　　　　　　　　　　45

　　　　　　　　　　——公允价值变动　　　　　　　　　15

139. 【答案】BC 【解析】本题考查固定资产的清查。固定资产盘亏时的会计分录如下：

（1）批准前：

借：待处理财产损溢

　　累计折旧

　　固定资产减值准备

　　贷：固定资产

　　　　应交税费——应交增值税（进项税额转出）

（2）批准后：

借：营业外支出

　　其他应收款

　　贷：待处理财产损溢

140. 【答案】BCD 【解析】本题考查投资性房地产——成本模式。制造业企业的出租业务不属于其主营业务，取得的收益应记入"其他业务收入"科目，选项 A 错误。

刷通关

141. 【答案】AB 【解析】本题考查无形资产的摊销。出租的无形资产，其摊销额计入其他业务成本，选项 C 错误；财务部门使用的无形资产，其摊销额应计入管理费用，选项 D 错误。

142. 【答案】√ 【解析】本题考查投资性房地产——公允价值模式。采用公允价值模式计量的投资性房地产不应计提折旧或摊销，企业应当以资产负债表日投资性房地产的公允价值为基础调整其账面价值，并将当期公允价值变动金额计入当期损益。

143. (1)【答案】CD 【解析】本题考查长期股权投资的初始计量——非合并方式、长期股权投资的后续计量——权益法（初始入账价值调整）。甲公司以银行存款 230 万元取得乙公司 25% 的有表决权股份，属于非合并方式取得长期股权投资，其初始投资成本 = 支付资产、承担负债、发行权益工具的公允价值 + 中介费用；同时，后续计量权益法，还要求投资方在满足特定条件时，即当投资日投资方应享有的被投资方可辨认净资产的公允价值的份额高于其初始入账价值时，应调整长期股权投资的初始入账价值。

①甲公司取得乙公司长期股权投资的初始投资成本 = 230 万元

②甲公司应享有乙公司可辨认净资产公允价值份额 = 1 000 × 25% = 250（万元）
由于，甲公司应享有乙公司可辨认净资产公允价值份额高于初始投资成本，所以应调整长期股权投资的初始入账价值。

会计分录如下：

借：长期股权投资——乙公司——投资成本　　　　　　　　　　230
　　贷：银行存款　　　　　　　　　　　　　　　　　　　　　　　　230
借：长期股权投资——乙公司——投资成本　　　　　　　　　　 20
　　贷：营业外收入　　　　　　　　　　　　　　　　　　　　　　　 20

选项 C、D 正确。

(2)【答案】ACD 【解析】本题考查长期股权投资的初始计量——非同一控制下企业合并。甲公司以无形资产对丙公司投资的会计分录如下：

借：长期股权投资　　　　　　　　　　　　　　　　　　　　　750
　　累计摊销　　　　　　　　　　　　　　　　　　　　　　　 100
　　无形资产减值准备　　　　　　　　　　　　　　　　　　　 60
　　贷：无形资产　　　　　　　　　　　　　　　　　　　　　　　 900
　　　　资产处置损益　　　　　　　　　　　　　　　　　　　　　 10

选项 A、C、D 正确。

(3)【答案】A 【解析】本题考查长期股权投资的后续计量——权益法（确认投资收益）。2×22 年 12 月 31 日甲公司确认投资收益的会计分录如下：

借：长期股权投资——乙公司——损益调整　　　　　　　　　　 25

```
        贷：投资收益                                                      25
```
选项 A 正确。

(4)【答案】ABC　【解析】本题考查长期股权投资的后续计量——权益法（被投资单位分配股利或利润的会计处理）。甲公司确认应收股利和收取现金股利的会计分录如下：

```
借：应收股利                                                        20
        贷：长期股权投资——乙公司——损益调整                              20
借：银行存款                                                        20
        贷：应收股利                                                    20
```
选项 A、B、C 正确。

(5)【答案】C　【解析】本题考查资产负债表编制——填列说明。甲公司 2×23 年 3 月 31 日资产负债表中"长期股权投资"项目"期末余额"栏的填列金额 = 250 + 750 + 25 − 20 = 1 005（万元），选项 C 正确。

144. (1)【答案】AC　【解析】本题考查长期股权投资的初始计量——同一控制下企业合并。甲公司和 A 公司为同一母公司最终控制下的两家公司，甲公司取得长期股权投资应按应享有母公司合并财务报表中的 A 公司账面价值的份额计算确定。

甲公司账务处理：
```
借：长期股权投资                                                   450
    资本公积——股本溢价                                            50
        贷：银行存款                                                   500
```
选项 A、C 正确。

(2)【答案】B　【解析】本题考查交易性金融资产的初始计量。购入交易性金融资产的账务处理如下：

```
借：交易性金融资产——成本                                        1 200
    应收股利                                                       24
    投资收益                                                        8
        贷：其他货币资金                                              1 232
```
选项 B 正确。

(3)【答案】A　【解析】本题考查长期股权投资的初始计量——非合并方式。甲公司购入 C 公司股票的会计分录如下：

```
借：长期股权投资——投资成本                                       4 455
    应收股利                                                      145
        贷：银行存款                                                  4 600
借：长期股权投资——投资成本                                         45
        贷：营业外收入                                                  45
```
选项 A 正确。

(4)【答案】ABC　【解析】本题考查长期股权投资的后续计量——权益法。甲公司持有 C 公司长期股权投资的会计分录如下：

借：长期股权投资——损益调整　　　　　　　　150

　　贷：投资收益　　　　　　　　　　　　　　　　　150

借：应收股利　　　　　　　　　　　　　　　　100

　　贷：长期股权投资——损益调整　　　　　　　　　100

选项 A、B、C 正确。

(5)【答案】B　【解析】本题考查长期股权投资的处置。出售长期股权投资的会计分录如下：

借：银行存款　　　　　　　　　　　　　　　5 000

　　贷：长期股权投资——投资成本　　　　　　　　4 500

　　　　　　　　　　——损益调整　　　　　　　　　　50

　　　　投资收益　　　　　　　　　　　　　　　　450

选项 B 正确。

145. (1)【答案】AD　【解析】本题考查固定资产折旧方法——年限平均法与固定资产折旧的账务处理。

①该办公楼的折旧率 =（1 - 4%）÷ 20 = 4.8%，选项 A 正确；

②该办公楼的预计净残值 = 4 500 × 4% = 180（万元），选项 B 错误；

③每期计提的折旧额 = 4 500 ×（1 - 4%）÷ 20 = 216（万元），选项 C 错误；

④每期计提的折旧额的会计分录如下：

借：管理费用　　　　　　　　　　　　　　　216

　　贷：累计折旧　　　　　　　　　　　　　　　　216

选项 D 正确。

(2)【答案】ABD　【解析】本题考查固定资产的处置。出售办公楼时，已计提折旧 10 年，累计折旧 = 4 500 × 4.8% × 10 = 2 160（万元）。甲公司出售该办公楼时应编制的会计分录如下：

①出售办公楼时，先将办公楼转入固定资产清理：

借：固定资产清理　　　　　　　　　　　　　2 340

　　累计折旧　　　　　　　　　　　　　　　2 160

　　贷：固定资产　　　　　　　　　　　　　　　4 500

②实际收取出售价款时：

借：银行存款　　　　　　　　　　　　　　　2 900

　　贷：固定资产清理　　　　　　　　　　　　　　2 900

③结转清理净损益时：

借：固定资产清理　　　　　　　　　　　　　　560

　　贷：资产处置损益　　　　　　　　　　　　　　　560

选项 A、B、D 正确。

(3)【答案】A　【解析】本题考查投资性房地产的初始计量——自用房产或存货

转为采用公允价值模式的投资性房地产。将自用房地产转为采用公允价值计量的投资性房地产，转换当日应编制如下会计分录：

借：投资性房地产——成本   750
  累计折旧   960
   贷：固定资产   1 500
     其他综合收益   210

选项 A 正确。

(4)【答案】A 【解析】本题考查固定资产的后续支出。厂房达到预定可使用状态的入账价值 $=500-200+120=420$（万元）。选项 A 正确。

(5)【答案】D 【解析】本题考查固定资产的减值。固定资产减值时应编制如下会计分录：

借：资产减值损失   920
   贷：固定资产减值准备   920

选项 D 正确。

146.(1)【答案】C 【解析】本题考查固定资产的初始计量——外购固定资产。M 设备的入账价值 $=122+3=125$（万元），相关会计分录如下：

借：固定资产   125
  应交税费——应交增值税（进项税额） 16.13
   贷：银行存款   141.13

选项 C 正确。

(2)【答案】ACD 【解析】本题考查固定资产折旧方法——年限平均法。月折旧额 $=125×(1-4\%)÷10÷12=1$（万元），选项 A 正确；预计净残值 $=$ 固定资产入账价值×预计净残值率 $=125×4\%=5$（万元），选项 B 错误；年折旧率 $=(1-$ 预计净残值率$)÷$ 预计使用寿命 $×100\%=(1-4\%)÷10×100\%=9.6\%$，选项 C 正确；M 设备由行政管理部门使用，计提的折旧额应计入管理费用，选项 D 正确。

(3)【答案】AD 【解析】本题考查固定资产的后续支出。会计分录如下：
①领用维修材料时：
借：管理费用   0.5
   贷：原材料   0.5
②支付维修费及其增值税时：
借：管理费用   2
  应交税费——应交增值税（进项税额） 0.26
   贷：银行存款   2.26

选项 A、D 正确。

(4)【答案】ABC 【解析】本题考查固定资产的处置。M 设备于 2 月购入，折旧应当从 3 月开始计提，2×23 共计提 10 个月的折旧，折旧额 $=125×(1-4\%)÷10÷12×10=10$（万元）。会计分录如下：

①结转 M 设备账面价值：

借：固定资产清理　　　　　　　　　　　　　115

　　累计折旧　　　　　　　　　　　　　　　10

　　　贷：固定资产　　　　　　　　　　　　　　　125

②取得报废残值变价收入：

借：银行存款　　　　　　　　　　　　　　　10.17

　　　贷：固定资产清理　　　　　　　　　　　　　9

　　　　　应交税费——应交增值税（销项税额）　　1.17

③结转毁损净损失：

借：营业外支出　　　　　　　　　　　　　　106

　　　贷：固定资产清理　　　　　　　　　　　　　106

选项 A、B、C 正确。

（5）【答案】D　【解析】本题考查利润表的编制。根据资料（1）和资料（3），计入管理费用的折旧金额为 10 万元；根据资料（2），确认的管理费用 = 0.5 + 2 = 2.5（万元）；根据资料（3），确认的营业外支出为 106 万元。因此，利润总额减少额 = 10 + 2.5 + 106 = 118.5（万元），选项 D 正确。

147. （1）【答案】A　【解析】本题考查固定资产的初始计量——外购固定资产。甲公司购入 M 设备的入账价值 = 500 000 + 40 000 = 540 000（元），会计分录如下：

借：在建工程　　　　　　　　　　　　　　　500 000

　　应交税费——应交增值税（进项税额）　　65 000

　　　贷：银行存款　　　　　　　　　　　　　　565 000

借：在建工程　　　　　　　　　　　　　　　40 000

　　应交税费——应交增值税（进项税额）　　3 600

　　　贷：银行存款　　　　　　　　　　　　　　43 600

借：固定资产　　　　　　　　　　　　　　　540 000

　　　贷：在建工程　　　　　　　　　　　　　　540 000

选项 A 正确。

（2）【答案】BCD　【解析】本题考查固定资产折旧方法——年限平均法。固定资产应当按月计提折旧，当月增加的固定资产，当月不计提折旧，从下月起计提折旧；当月减少的固定资产，当月仍计提折旧，从下月起不计提折旧，选项 A 错误，选项 C 正确；月折旧额 = （540 000 - 30 000）÷ 5 ÷ 12 = 8 500（元），选项 D 正确；2 × 23 年计提折旧额 = 8 500 × 11 = 93 500（元），选项 B 正确。

（3）【答案】CD　【解析】本题考查固定资产的后续支出。甲公司支付设备修理费的会计分录如下：

借：管理费用　　　　　　　　　　　　　　　30 000

　　销售费用　　　　　　　　　　　　　　　10 000

　　应交税费——应交增值税（进项税额）　　5 200

贷：银行存款	45 200

选项 C、D 正确。

（4）【答案】ABCD 【解析】本题考查固定资产的处置。甲公司报废 N 设备的会计分录如下：

①转入清理时：

借：固定资产清理	40 000	
累计折旧	760 000	
贷：固定资产		800 000

②支付清理费用时：

借：固定资产清理	6 000	
贷：银行存款		6 000

③取得变价收入时：

借：银行存款	22 600	
贷：固定资产清理		20 000
应交税费——应交增值税（销项税额）		2 600

④结转报废净损失时：

借：资产处置损益	26 000	
贷：固定资产清理		26 000

选项 A、B、C、D 正确。

（5）【答案】ACD 【解析】本题考查资产负债表的编制。

①2×23 年 12 月 31 日，M 设备账面价值 = 540 000 - 93 500 = 446 500（元），M 设备的可收回金额为 440 000 元，固定资产的账面价值大于可回收金额，应计提减值，减值金额 = 446 500 - 440 000 = 6 500（元）。

计提减值会计分录：

借：资产减值损失	6 500	
贷：固定资产减值准备		6 500

选项 A 正确。

②固定资产减值损失一经确认，在以后会计期间不得转回，选项 C 正确。

③资产负债表"固定资产"项目 = "固定资产"科目期末借方余额 - "累计折旧"科目贷方余额 - "固定资产减值准备"科目贷方余额 ± "固定资产清理"科目余额（借方增加，贷方减少）= 540 000 - 93 500 - 6 500 = 440 000（元），选项 D 正确。

148.（1）【答案】ABC 【解析】本题考查固定资产的初始计量——建造固定资产。关于该企业自行建造厂房的会计分录如下：

①购入建造厂房用工程物资：

借：工程物资	500	
应交税费——应交增值税（进项税额）	65	
贷：银行存款		565

②工程领用全部工程物资时：

借：在建工程 500
　贷：工程物资 500

③建造厂房领用本企业生产的水泥：

借：在建工程 400
　贷：库存商品 400

④支付安装费与确认安装人员薪酬：

借：在建工程 130
　贷：应付职工薪酬 100
　　　银行存款 30

⑤该厂房达到预定可使用状态：

借：固定资产 1 030
　贷：在建工程 1 030

选项A、B、C正确。

（2）【答案】BC 【解析】本题考查固定资产折旧的账务处理。

①折旧总额＝1 030－30＝1 000（万元），选项A错误。

②年折旧额＝（1 030－30）÷20＝50（万元），选项B正确。

③会计分录如下：

借：制造费用
　贷：累计折旧

选项C正确。

④固定资产当月增加，当月不提折旧，次月开始计提。本题中，该厂于2×23年3月31日达到预定可使用状态，所以应当从2×23年4月开始计提折旧，选项D错误。

（3）【答案】AC 【解析】本题考查固定资产的清查。企业在财产清查中盘盈的固定资产，应当作为重要的前期差错进行会计处理，应调整期初留存收益，选项A正确；企业在财产清查中盘盈的固定资产，在按管理权限报经批准处理前，应先通过"以前年度损益调整"科目核算，选项B错误；将以前年度损益调整科目余额转入留存收益时，借记"以前年度损益调整"科目，贷记"盈余公积""利润分配——未分配利润"科目，选项C正确，选项D错误。会计分录如下：

①盘盈生产设备时：

借：固定资产 10
　贷：以前年度损益调整 10

②结转为留存收益时：

借：以前年度损益调整 10
　贷：盈余公积——法定盈余公积 1
　　　利润分配——未分配利润 9

(4)【答案】D 【解析】本题考查利润表的编制。

①长期股权投资的初始投资成本 = 1 100 万元，选项 A 错误；

②该企业投资日享有的乙企业可辨认净资产公允价值的份额 = 4 000 × 25% = 1 000（万元）；

③由于该长期股权投资的初始投资成本大于投资日享有的乙企业可辨认净资产公允价值的份额，所以应将长期股权投资的初始投资成本即为初始入账价值，选项 B 错误。

会计分录如下：

①将固定资产转入清理时：

借：固定资产清理		1 005
累计折旧		25
贷：固定资产		1 030

②取得长期股权投资：

借：长期股权投资——成本		1 100
贷：固定资产清理		1 005
资产处置损益		95

选项 C 错误，选项 D 正确。

(5)【答案】ABD 【解析】本题考查利润表的编制。以固定资产作为对价取得长期股权投资，应确认"资产处置损益"95 万元，选项 A 正确；盘盈管理用设备一台，2×23 年应确认折旧 1 万元，记入"管理费用"科目借方，选项 B 正确；出售生产用设备一台，应确认"营业外支出"7 万元，选项 C 错误；"利润总额"项目的增加额 = 95 − 1 − 7 = 87（万元），选项 D 正确。

149. (1)【答案】AC 【解析】本题考查无形资产的初始计量——自行研究开发无形资产。甲公司研发费用的会计分录如下：

①支付研发费用时：

借：研发支出——费用化支出		50 000
贷：银行存款		50 000

②期末结转研发费用时：

借：管理费用		50 000
贷：研发支出——费用化支出		50 000

选项 A、C 正确。

(2)【答案】D 【解析】本题考查无形资产的初始计量——自行研究开发无形资产。

资料（2）会计分录：

借：研发支出——资本化支出		600 000
应交税费——应交增值税（进项税额）		13 000
贷：应付职工薪酬		500 000
银行存款		113 000

资料（3）会计分录：

借：无形资产　　　　　　　　　　　　　　　　　　　　600 000

　　贷：研发支出——资本化支出　　　　　　　　　　　　　　600 000

选项 D 正确。

(3)【答案】CD　【解析】本题考查无形资产的摊销。

每月计提的摊销额 = 600 000 ÷ 5 ÷ 12 = 10 000（元）。

9～11 月每月计提摊销额的会计分录：

借：管理费用　　　　　　　　　　　　　　　　　　　　10 000

　　贷：累计摊销　　　　　　　　　　　　　　　　　　　　10 000

资料（4）会计分录：

12 月计提摊销额的会计分录：

借：其他业务成本　　　　　　　　　　　　　　　　　　10 000

　　贷：累计摊销　　　　　　　　　　　　　　　　　　　　10 000

12 月收取租金时：

借：银行存款　　　　　　　　　　　　　　　　　　　　21 200

　　贷：其他业务收入　　　　　　　　　　　　　　　　　　20 000

　　　　应交税费——应交增值税（销项税额）　　　　　　　1 200

选项 C、D 正确。

(4)【答案】B　【解析】该项非专利技术的账面价值 = 入账价值 - 累计摊销 = 600 000 - 10 000 × 4 = 560 000（元），选项 B 正确。

(5)【答案】ABC　【解析】本题考查利润表的编制。利润表的"研发费用"项目应根据"管理费用"科目下的"研发费用"明细科目的发生额以及"管理费用"科目下"无形资产摊销"（自行开发无形资产的摊销）明细科目的发生额分析填列，利润表"研发费用"项目金额 = 50 000（资料1）+ 10 000 × 3（资料3）= 80 000（元），选项 A 正确；利润表的"营业收入"项目 = 主营业务收入 + 其他业务收入 = 20 000 元，选项 B 正确；利润表的"营业成本"项目 = 主营业务成本 + 其他业务成本 = 10 000 元，选项 C 正确；利润表的"管理费用"项目 = 0，选项 D 错误。

150. (1)【答案】BC　【解析】本题考查无形资产的初始计量——自行研究开发无形资产。会计分录如下：

①每月分配专职研发人员薪酬时：

借：研发支出——资本化支出　　　　　　　　　　　　　60 000

　　贷：应付职工薪酬——工资　　　　　　　　　　　　　　60 000

②每月计提专用设备折旧时：

借：研发支出——资本化支出　　　　　　　　　　　　　2 400

　　贷：累计折旧　　　　　　　　　　　　　　　　　　　　2 400

③确认耗用原材料时：

借：研发支出——资本化支出 96 000

  贷：原材料 96 000

④以银行存款支付咨询费时：

借：研发支出——资本化支出 19 600

  应交税费——应交增值税（进项税额） 1 176

  贷：银行存款 20 776

⑤F非专利技术完成并形成无形资产：

借：无形资产 960 000

  贷：研发支出——资本化支出 960 000

选项B、C正确。

(2)【答案】AC 【解析】本题考查无形资产的初始计量——自行研究开发无形资产。F非专利技术达到预定用途时的会计分录如下：

借：无形资产 960 000

  贷：研发支出——资本化支出 960 000

选项A、C正确。

(3)【答案】CD 【解析】本题考查无形资产的摊销。6月30日摊销F非专利技术成本的会计分录如下：

借：管理费用 10 000

  贷：累计摊销 10 000

选项C、D正确。

(4)【答案】ABD 【解析】本题考查无形资产的出售和报废。出售专利权的会计分录如下：

借：银行存款 636 000

  累计摊销 144 000

  贷：无形资产 720 000

    应交税费——应交增值税（销项税额） 36 000

    资产处置损益 24 000

选项A、B、D正确。

(5)【答案】B 【解析】本题考查利润表的编制。利润表中"营业利润"项目本期金额增加 = -10 000 + 24 000 = 14 000（元），选项B正确。

第五章 负 债

刷基础

151.【答案】D 【解析】本题考查短期借款。2×23 年 7 月 31 日属于 2×23 年第三季度的第 1 个月，不属于季度末，所以不应支付利息，应当预提，故当月支付的利息金额为 0，选项 D 正确。

152.【答案】B 【解析】本题考查应付账款。企业转销无法支付的应付账款的会计分录应借记"应付账款"科目，贷记"营业外收入"科目。

153.【答案】B 【解析】本题考查其他应付款的账务处理。

(1) 应交纳的教育费附加，通过"应交税费——应交教育费附加"科目核算，选项 A 错误；

(2) 股东大会宣告分配的现金股利，通过"应付股利"科目核算，选项 C 错误；

(3) 应付供货方代垫的运费，应通过"应付账款"科目核算，选项 D 错误。

154.【答案】B 【解析】本题考查应付职工薪酬的内容。(1) 确认本期销售人员的工伤保险中企业承担部分，会计分录为借记"销售费用"，贷记"应付职工薪酬——社会保险费"，选项 A 错误；(2) 确认本期职工工资中代扣代缴的个人所得税，会计分录为借记"应付职工薪酬——工资"，贷记"应交税费——应交个人所得税"，选项 B 正确；(3) 确认因解除与职工劳动关系应给予的补偿，会计分录为借记"管理费用"，贷记"应付职工薪酬——辞退福利"，选项 C 错误；

(4) 支付退休人员的工资，会计分录为借记"管理费用"，贷记"银行存款"，选项 D 错误。

【提示】支付离退休人员的工资，不属于应付职工薪酬的核算范畴，也不需要预提或分配，所以，支付时直接计入管理费用科目。

155.【答案】B 【解析】本题考查短期薪酬的内容——国家规定计提标准的职工薪酬。企业承担的社会保险费，除养老保险费和失业保险费按规定确认为离职后福利外，其他的社会保险作为企业的短期薪酬，选项 B 错误。

156.【答案】D 【解析】本题考查短期薪酬的账务处理——非货币性职工薪酬。企业为管理人员提供租赁住房的会计分录为借记"应付职工薪酬——非货币性福利"科目，贷记"银行存款"等科目，选项 D 正确。

157.【答案】D 【解析】本题考查应交增值税。一般纳税人购进货物、加工修理修配劳务、服务、无形资产或不动产，用于简易计税方法计税项目、免征增值税项目、集体福利或个人消费等，即使取得的增值税专用发票上已注明增值税进项税额，该税额按照现行增值税制度规定也不得从销项税额中抵扣的，取得增值税专用发票时，应将待认证的目前不可抵扣的增值税进项税额，借记"应交税费——待认证进项税额"科目，贷记"银行存款""应付账款"科目。具体的会计处理如下：

（1）购进商品时：

借：库存商品　　　　　　　　　　　　　　　　　　　　　20

　　应交税费——待认证进项税额　　　　　　　　　　　　2.6

　　贷：银行存款　　　　　　　　　　　　　　　　　　　　　22.6

（2）经税务机关认证不可抵扣时：

借：应交税费——应交增值税（进项税额）　　　　　　　　2.6

　　贷：应交税费——待认证进项税额　　　　　　　　　　　　2.6

同时，

借：库存商品　　　　　　　　　　　　　　　　　　　　　2.6

　　贷：应交税费——应交增值税（进项税额转出）　　　　　　2.6

（3）实际发放时：

借：应付职工薪酬——非货币性福利　　　　　　　　　　　22.6

　　贷：库存商品　　　　　　　　　　　　　　　　　　　　　22.6

158.【答案】A 【解析】本题考查应交消费税——委托加工应税消费品。委托加工物资收回后，直接用于销售的，应将受托方代收代缴的消费税计入委托加工物资的成本，借记"委托加工物资"等科目；委托加工物资收回后用于连续生产应税消费品的，按规定准予抵扣的，应按已由受托方代收代缴的消费税，借记"应交税费——应交消费税"科目，选项A正确。

159.【答案】D 【解析】本题考查长期借款。企业借入长期借款，应按实际收到的金额，借记"银行存款"科目，贷记"长期借款——本金"科目；如存在差额，还应借记"长期借款——利息调整"科目，选项D正确。

160.【答案】C 【解析】本题考查长期应付款。企业以分期付款方式购入固定资产发生的期限超1年的应付款，通过"长期应付款"科目核算，选项C正确。

161.【答案】ABC 【解析】本题考查短期借款。企业归还按期付息，到期还本的短期借款的会计分录如下：

借：短期借款

　　财务费用

　　应付利息

　　贷：银行存款

选项A、B、C正确。

162.【答案】BC 【解析】本题考查应付票据。商业汇票分为商业承兑汇票与银行承兑汇票，到期无力偿还时，应当分票据类型进行会计处理：（1）商业承兑汇票，借记"应付票据",贷记"应付账款";(2)银行承兑汇票,借记"应付票据",贷记"短期借款",选项 B、C 正确。

163.【答案】BD 【解析】本题考查应付利息。企业因开出银行承兑汇票而支付的银行承兑汇票手续费,应记入"财务费用"科目借方,选项 A 错误;按照短期借款合同约定计算的应付利息,应记入"财务费用"科目借方,选项 C 错误。

164.【答案】AB 【解析】本题考查应交消费税。选项 A,计入物资成本;选项 B,计入在建工程;选项 C,计入税金及附加;选项 D,计入税金及附加。

165.【答案】√ 【解析】本题考查短期借款。企业的短期借款利息按月支付,或者在借款到期时连同本金一起归还,数额不大的可以不采用预提的方法,而在实际支付或收到银行的计息通知时,直接计入当期损益。

166.【答案】× 【解析】本题考查应付票据。企业因开出银行承兑汇票而支付的银行承兑汇票手续费,应当计入当期财务费用。

167.【答案】√ 【解析】本题考查应付股利的账务处理。企业董事会或类似机构通过的利润分配方案中拟分配的现金股利或利润,不需要进行账务处理,但应在附注中披露。

168.【答案】× 【解析】本题考查应付账款的账务处理。企业对于确实无法支付的应付账款应予以转销,按其账面余额计入营业外收入,借记"应付账款"科目,贷记"营业外收入"科目。

刷提高

169.【答案】A 【解析】本题考查应付票据。企业因开出银行承兑汇票而支付的银行承兑汇票手续费,应当计入当期财务费用,选项 A 正确。

170.【答案】B 【解析】本题考查离职后福利的账务处理。企业向职工提供辞退福利的,应当在"企业不能单方面撤回因解除劳动关系或裁减所提供的辞退福利时"和"企业确认涉及支付辞退福利的重组相关的成本或费用时"两者孰早日,确认辞退福利产生的职工薪酬负债,并计入当期损益,借记"管理费用"科目,贷记"应付职工薪酬——辞退福利"科目,选项 B 正确。

【提示】企业发生的辞退福利,不区分科室、部门等,应通过"管理费用"科目核算。

171.【答案】B 【解析】本题考查离职后福利的账务处理。对于设定提存计划,企业应当根据在资产负债表日为换取职工在会计期间提供的服务而应向单独主体缴存的提存金,确认为应付职工薪酬,并计入当期损益或相关资产成本。本题中,某企业计提生产车间管理人员基本养老保险费,应当记入"制造费用"科目,再按照适当的成本费用分配方法分配进入相关产品的成本中,会计分录为:

借:制造费用

16

　　　　贷：应付职工薪酬——设定提存计划（基本养老保险费）　　　　　　　　16
选项 B 正确。

172.【答案】D 【解析】本题考查应交增值税——小规模纳税人的账务处理。该批原
材料的入账价值 = 800 000 + 104 000 + 1 500 = 905 500（元），选项 D 正确。

173.【答案】B 【解析】本题考查应交消费税。收回后用于连续生产应税消费品的，
按规定准予抵扣的，应按已由受托方代收代缴的消费税，借记"应交税费——应
交消费税"科目，贷记"应付账款""银行存款"等科目，选项 B 错误。

174.【答案】A 【解析】本题考查应交消费税。委托加工的应税消费品收回后用于继
续生产非应税消费品的，由受托方代收代缴的消费税应计入委托加工物资的成本中，
选项 A 正确。

175.【答案】C 【解析】本题考查其他应交税费。由税务部门统一征收的社会保险
费，应记入"应付职工薪酬"科目，选项 A 错误；进口货物应向海关缴纳的关税，
直接计入进口货物的成本中，不通过"应交税费"科目核算，选项 B 错误；占用耕
地建房应缴纳的耕地占用税，直接记入房产成本中，不通过"应交税费"科目核算，
选项 D 错误。

176.【答案】ABCD 【解析】本题考查应付账款。在材料、商品和发票账单同时到达
的情况下，一般在所购材料、商品验收入库后，根据发票账单登记入账，确认应
付账款，选项 A 正确。在所购材料、商品已经验收入库，但是发票账单未能同时
到达的情况下，企业应付材料、商品供应单位的债务已经成立，在会计期末，为
了反映企业的负债情况，需要将所购材料、商品和相关的应付账款暂估入账，待
下月月初用红字将上月月末暂估入账的应付账款予以冲销，选项 B 正确。实务
中，企业外购电力、燃气等动力一般通过"应付账款"科目核算，选项 C 正确。
企业对于确实无法支付的应付账款应予以转销，按其账面余额计入营业外收入，
借记"应付账款"科目，贷记"营业外收入"科目，选项 D 正确。

177.【答案】√ 【解析】本题考查应付票据。应付银行承兑汇票到期，如企业无力支
付票款，则由承兑银行代为支付并作为付款企业的贷款处理，企业应将应付票据
的账面余额转作短期借款，借记"应付票据"科目，贷记"短期借款"科目。

178.【答案】× 【解析】本题考查应付股利。企业分配的股票股利不通过"应付股
利"科目核算。会计处理如下：
借：利润分配——转作股本的股利
　　贷：股本

179.（1）【答案】A 【解析】本题考查短期薪酬的账务处理——货币性职工薪酬。企
业支付职工薪酬的会计分录如下：
借：应付职工薪酬　　　　　　　　　　　　　　　　3 000 000
　　贷：银行存款　　　　　　　　　　　　　　　　　　　2 750 000
　　　　应交税费——应交个人所得税　　　　　　　　　　　70 000
　　　　其他应收款　　　　　　　　　　　　　　　　　　　180 000

选项 A 正确。

(2)【答案】ABC 【解析】本题考查短期薪酬的账务处理——非货币性职工薪酬。企业为职工租赁住房和提供汽车的相关会计分录如下:

借:管理费用　　　　　　　　　　　　　　　　　　　70 000
　　销售费用　　　　　　　　　　　　　　　　　　　6 000
　　　贷:应付职工薪酬　　　　　　　　　　　　　　76 000
借:应付职工薪酬　　　　　　　　　　　　　　　　　76 000
　　　贷:累计折旧　　　　　　　　　　　　　　　　6 000
　　　　　其他应付款、银行存款等　　　　　　　　　70 000

选项 A、B、C 正确。

(3)【答案】ACD 【解析】本题考查短期薪酬的账务处理——非货币性职工薪酬。企业确认并发放非货币性福利的会计分录如下:

借:管理费用　　　　　　　　　　　　　　　　　　　180 800
　　　贷:应付职工薪酬　　　　　　　　　　　　　　180 800
借:应付职工薪酬　　　　　　　　　　　　　　　　　180 800
　　　贷:主营业务收入　　　　　　　　　　　　　　160 000
　　　　　应交税费——应交增值税(销项税额)　　　20 800
借:主营业务成本　　　　　　　　　　　　　　　　　100 000
　　　贷:库存商品　　　　　　　　　　　　　　　　100 000

选项 A、C、D 正确。

(4)【答案】ABCD 【解析】本题考查短期薪酬的账务处理——货币性职工薪酬。该企业确认本月职工薪酬的会计分录如下:

借:生产成本　　　　　　　　　　　　　　　　　　　2 100 000
　　制造费用　　　　　　　　　　　　　　　　　　　300 000
　　管理费用　　　　　　　　　　　　　　　　　　　500 000
　　销售费用　　　　　　　　　　　　　　　　　　　400 000
　　　贷:应付职工薪酬　　　　　　　　　　　　　　3 300 000

选项 A、B、C、D 正确。

(5)【答案】D 【解析】本题考查利润表的编制。该企业 12 月职工薪酬业务对当月营业利润影响金额 $= -7 - 0.6 - 18.08 + 16 - 10 - 50 - 40 = -109.68$（万元），选项 D 正确。

刷易错

180.【答案】A 【解析】本题考查应交增值税——一般纳税人的账务处理。自产产品用于办公,属于正常生产经营领用,不属于视同销售,选项 A 正确。

181. 【答案】D　【解析】本题考查应交增值税。小规模纳税人采用简易计税办法缴纳增值税，所以购进环节产生的增值税不得抵扣（即便取得增值税专用发票），应计入存货的成本中，当期应缴纳的增值税则只需根据销售额计算即可，该超市 2×23 年 9 月应缴纳的增值税税额 $= (61.8 + 30.9) \div (1 + 3\%) \times 3\% = 2.7$（万元），选项 D 正确。

182. 【答案】AC　【解析】本题考查其他应付款。其他应付款是指企业除应付票据、应付账款、预收账款、应付职工薪酬、应交税费、应付利息、应付股利等经营活动以外的其他各项应付、暂收的款项，如应付短期租赁固定资产租金、应付低价值资产租赁的租金、应付租入包装物租金、出租或出借包装物向客户收取的押金、存入保证金等，选项 A、C 正确；应付水电费与应付购买的原材料运费，应记入"应付账款"科目，选项 B、D 错误。

183. 【答案】BD　【解析】本题考查其他应交税费。自产自用应税产品应缴纳的资源税应记入"生产成本""制造费用"等科目，借记"生产成本""制造费用"等科目，贷记"应交税费——应交资源税"科目，选项 B、D 正确。

184. 【答案】×　【解析】本题考查短期借款账务处理。短期借款属于负债类科目，贷方登记取得短期借款本金的金额。

185. 【答案】√　【解析】本题考查长期应付款。长期应付款中，各期实际支付的价款之和与其现值之和之间的差额，应当在信用期间内采用实际利率法进行摊销，计入相关资产成本或当期损益。

186. 【答案】×　【解析】本题考查应交增值税。以委托加工货物用于对外投资、分配给股东，无偿赠送他人，应按照视同销售处理，确认"应交增值税（销项税额）"。

刷通关

187. 【答案】C　【解析】本题考查应付账款。退还出借包装物押金，应通过"其他应付款"科目核算，不影响"应付账款"科目余额，所以，2×23 年 12 月末该企业"应付账款"科目余额 $= 200 - 30 = 170$（万元），选项 C 正确。

188. 【答案】D　【解析】本题考查短期薪酬的账务处理——非货币性职工薪酬。该企业应确认的应付职工薪酬金额 $= 200 \times 1\,200 \times (1 + 13\%) = 271\,200$（元），选项 D 正确。

189. 【答案】D　【解析】本题考查应交增值税——小规模纳税人账务处理。小规模纳税人会计核算不健全，因此，小规模纳税人进行账务处理时，只需在"应交税费"科目下设"应交增值税"明细科目，该明细科目不再设置增值税专栏，选项 D 正确。

190. 【答案】ABD　【解析】本题考查应付股利。企业董事会或类似机构通过的利润分配方案中拟分配的现金股利或利润，不需要进行账务处理，但应在附注中披露，选项 A 正确；已分配的股票股利，借记"利润分配——转作股本的股利"，贷记"股本"，不记入"应付股利"科目，选项 B 正确；已宣告分配的股票股利，不作账务处理，选项 D 正确。

191.【答案】AB 【解析】本题考查短期薪酬的账务处理——非货币性职工薪酬。难以认定受益对象的非货币性福利，直接计入当期损益和应付职工薪酬，选项 A 正确；租赁住房等资产供职工无偿使用的，应当将每期应付的租金计入相关资产成本或当期损益，选项 B 正确；企业以自产产品作为非货币性福利发放给销售人员，属于视同销售行为，且符合收入准则中收入的确认条件，所以应当按照市场价格确认收入，同时确认增值税销项税额，选项 C 错误；企业将自有房屋无偿提供给生产工人使用，应按照房屋每期计提的折旧计入生产成本，选项 D 错误。

192.【答案】BCD 【解析】本题考查其他应交税费。（1）开立并使用账簿缴纳的印花税，借记"税金及附加"科目，贷记"银行存款"科目，选项 A 错误；（2）开采矿产品应交的资源税，借记"税金及附加"科目，贷记"应交税费——应交资源税"科目，选项 B 正确；（3）销售应税消费品应交的消费税，借记"税金及附加"科目，贷记"应交税费——应交消费税"科目，选项 C 正确；（4）发放职工薪酬代扣代缴的个人所得税，借记"应付职工薪酬"科目，贷记"应交税费——应交个人所得税"科目，选项 D 正确。

193.（1）【答案】BCD 【解析】本题考查短期薪酬的账务处理——货币性职工薪酬。企业支付职工薪酬相关的会计分录为：

借：应付职工薪酬——工资　　　　　　　　　　　510

　　贷：银行存款　　　　　　　　　　　　　　　　　510

借：应付职工薪酬——工资　　　　　　　　　　　90

　　贷：其他应付款——社会保险费　　　　　　　　　60

　　　　其他应收款——职工房租　　　　　　　　　　10

　　　　应交税费——应交个人所得税　　　　　　　　20

选项 B、C、D 正确。

（2）【答案】ABD 【解析】本题考查短期薪酬的账务处理——非货币性职工薪酬。该企业确认和发放非货币性福利相关的会计分录为：

借：生产成本　　　　　　　　　　　　　　　　　9.04

　　贷：应付职工薪酬　　　　　　　　　　　　　　　9.04

借：应付职工薪酬　　　　　　　　　　　　　　　9.04

　　贷：主营业务收入　　　　　　　　　　　　　　　　8

　　　　应交税费——应交增值税（销项税额）　　　　1.04

借：主营业务成本　　　　　　　　　　　　　　　　6

　　贷：库存商品　　　　　　　　　　　　　　　　　　　6

选项 A、B、D 正确。

(3)【答案】ABD 【解析】本题考查短期职工薪酬的账务处理——货币性职工薪酬。该企业分配职工薪酬相关的会计分录为：

借：生产成本　　　　　　　　　　　　　　　　　　　300
　　制造费用　　　　　　　　　　　　　　　　　　　 80
　　管理费用　　　　　　　　　　　　　　　　　　　120
　　销售费用　　　　　　　　　　　　　　　　　　　100
　　贷：应付职工薪酬　　　　　　　　　　　　　　　　　　600

选项 A、B、D 正确。

(4)【答案】D 【解析】本题考查资产负债表编制——填列说明。该企业 2×23 年 6 月 30 日资产负债表"应付职工薪酬"项目期末余额栏应填列的金额 = 600 [期初余额] - (510 + 90) [资料（1）] + (9.04 - 9.04) [资料（2）] + 600 [资料 (3)] + (72 + 66) [资料（4）] = 738（万元），选项 D 正确。

资料（4）中分别按工资的 12% 和 11% 计提社会保险（不含基本养老保险和失业保险）和住房公积金的会计分录为：

借：生产成本 [300 × (11% + 12%)]　　　　　　　　69
　　制造费用 [80 × (11% + 12%)]　　　　　　　　 18.4
　　管理费用 [120 × (11% + 12%)]　　　　　　　 27.6
　　销售费用 [100 × (11% + 12%)]　　　　　　　　 23
　　贷：应付职工薪酬——社会保险费　　　　　　　　　　72
　　　　　　　　　　　——住房公积金　　　　　　　　　66

(5)【答案】ABD 【解析】本题考查利润表的编制——填列方法。

①营业收入 = 8 [资料（2）] + 0 = 8（万元），选项 A 正确；
②营业成本 = 6 [资料（2）] + 0 = 6（万元），选项 B 正确；
③管理费用 = 120 [资料（3）] + 27.6 [资料（4）] = 147.6（万元），选项 C 错误；
④销售费用 = 100 [资料（3）] + 23 [资料（4）] = 123（万元），选项 D 正确。

194.(1)【答案】A 【解析】本题考查应交增值税。会计分录如下：

借：在建工程　　　　　　　　　　　　　　　　　　150
　　贷：库存商品　　　　　　　　　　　　　　　　　　　150

选项 A 正确。

(2)【答案】B 【解析】本题考查应付账款。会计分录如下：

借：原材料　　　　　　　　　　　　　　　　　　　339
　　贷：应付账款——暂估应付款　　　　　　　　　　　　339

选项 B 正确。

(3)【答案】CD 【解析】本题考查应交增值税。会计分录如下：

①甲企业计提非货币性福利：

借：生产成本——直接人工　　　　　　　　　　　　113
　　制造费用　　　　　　　　　　　　　　　　　　 22.6

　　　　管理费用　　　　　　　　　　　　　　　　　　　　45.2

　　　　销售费用　　　　　　　　　　　　　　　　　　　　45.2

　　　　　贷：应付职工薪酬　　　　　　　　　　　　　　　　　　　226

　　②甲企业发放非货币性福利时：

　　借：应付职工薪酬　　　　　　　　　　　　　　　　　226

　　　　贷：库存商品　　　　　　　　　　　　　　　　　　　　　200

　　　　　　应交税费——应交增值税（进项税额转出）　　　　　　26

　　选项 C、D 正确。

　　（4）【答案】D　【解析】本题考查应交增值税。甲企业向贫困地区捐赠乳制品的会计分录如下：

　　借：营业外支出　　　　　　　　　　　　　　　　　57.8

　　　　贷：库存商品　　　　　　　　　　　　　　　　　　　　　50

　　　　　　应交税费——应交增值税（销项税额）　　　　　　　7.8

　　选项 D 正确。

　　（5）【答案】AB　【解析】本题考查利润表的编制。①资产负债表"在建工程"项目的增加额为 150 万元，选项 A 正确；②资产负债表"存货"项目的减少额 = 150 - 300 + 200 + 50 = 100（万元），选项 B 正确；③利润表"营业利润"项目的减少额 = 40 + 5.2 + 40 + 5.2 = 90.4（万元），选项 C 错误；④利润表"利润总额"项目的减少额 = 90.4 + 50 = 140.4（万元），选项 D 错误。

195.（1）【答案】B　【解析】本题考查长期借款。甲公司应编制的会计分录如下：

　　①2×23 年 1 月 1 日借入长期借款：

　　借：银行存款　　　　　　　　　　　　　　　　　200

　　　　贷：长期借款　　　　　　　　　　　　　　　　　　　　　200

　　②2×23 年 12 月 31 日计息：

　　借：在建工程　　　　　　　　　　　　　　　　　10.8

　　　　贷：应付利息　　　　　　　　　　　　　　　　　　　　　10.8

　　选项 B 正确。

　　（2）【答案】BC　【解析】本题考查短期借款。甲公司应编制的会计分录如下：

　　2×23 年 9 月 1 日取得短期借款时：

　　借：银行存款　　　　　　　　　　　　　　　　　100

　　　　贷：短期借款　　　　　　　　　　　　　　　　　　　　　100

　　月末计提利息时：

　　借：财务费用　　　　　　　　　　　　　　　　　0.3

　　　　贷：应付利息　　　　　　　　　　　　　　　　　　　　　0.3

　　选项 B、C 正确。

　　（3）【答案】ACD　【解析】本题考查应付票据。甲公司应编制的会计分录如下：

　　购入生产设备时：

借：固定资产   600

  应交税费——应交增值税（进项税额）   78

    贷：应付票据   678

支付承兑手续费时：

借：财务费用   0.339

   贷：银行存款   0.339

选项 A、C、D 正确。

(4)【答案】B 【解析】本题考查应付票据。甲公司无力支付到期商业汇票款的会计分录如下：

借：应付票据   678

   贷：短期借款   678

选项 B 正确。

(5)【答案】A 【解析】本题考查资产负债表的编制。2×23 年 12 月 31 日甲公司资产负债表"短期借款"项目期末余额 = 100 + 678 = 778（万元）。选项 A 正确。

第六章　所有者权益

刷基础

196. 【答案】B　【解析】本题考查接受现金资产投资。甲股份有限公司发行股票应计入股本的金额 =2 000×1 =2 000（万元），选项 B 正确。

197. 【答案】C　【解析】本题考查所有者权益概述。

（1）溢价回购本公司股票时：

借：库存股

　　贷：银行存款

属于资产和所有者权益同时减少的业务，会影响所有者权益总额，选项 A 错误。

（2）按面值发行股票时：

借：银行存款

　　贷：股本

属于资产和所有者权益同时增加的业务，会影响所有者权益总额，选项 B 错误。

（3）资本公积转增实收资本：

借：资本公积

　　贷：实收资本

属于一项所有者权益增加，另一项所有者权益减少的业务，不会影响所有者权益总额，选项 C 正确。

（4）用盈余公积发放现金股利：

借记"盈余公积"科目，贷记"应付股利"科目，所有者权益总额减少，选项 D 错误。

198. 【答案】D　【解析】本题考查资本公积概述。资本公积不体现各所有者的占有比例，也不能作为所有者参与企业财务经营决策或进行利润分配（或股利分配）的依据，实收资本或股本体现不同所有者的占有比例，选项 D 错误。

199. 【答案】D　【解析】本题考查留存收益概述。按照《公司法》有关规定，公司制企业应按照净利润（减弥补以前年度亏损）的 10% 提取法定盈余公积。非公司制企业法定盈余公积的提取比例可超过净利润的 10%。法定盈余公积累计额已达注册资本的 50% 时可以不再提取，选项 D 正确。

200. 【答案】B　【解析】本题考查盈余公积转增资本限额。按照《公司法》规定，法定盈余公积转增资本后留存下来的部分不得低于转增前注册资本的 25%，因此，选项 B 正确。

201. 【答案】C 【解析】本题考查未分配利润。甲公司 2×23 年末未分配利润余额 = $100 + 1\,000 \times (1 - 10\% - 5\%) - 200 = 750$（万元），选项 C 正确。

202. 【答案】ABC 【解析】本题考查其他综合收益的种类。选项 A 记入"资本公积——股本溢价"科目；选项 B，记入"资本公积——其他资本公积"科目；选项 C 记入"资本公积——资本溢价"科目；选项 D 属于其他综合收益。

203. 【答案】√ 【解析】本题考查的是所有者权益的特征。所有者权益是指企业资产扣除负债后由所有者享有的剩余权益。企业清算时，只有在清偿所有的负债后，所有者权益才返还给所有者。

204. 【答案】× 【解析】本题考查实收资本或股本概述。企业收到投资者投入其在注册资本中所占份额的部分计入实收资本。

205. 【答案】× 【解析】本题考查接受现金资产投资。股份有限公司发行股票发生的手续费、佣金等交易费用，应从溢价中抵扣，冲减资本公积（股本溢价）。

206. 【答案】× 【解析】本题考查资本溢价（或股本溢价）的核算。发行股票相关的手续费、佣金等交易费用，如果是溢价发行股票的，应从溢价中抵扣，冲减资本公积（股本溢价）；无溢价发行股票或溢价金额不足以抵扣的，应将不足抵扣的部分冲减盈余公积，盈余公积不足抵扣的，冲减未分配利润。

207. 【答案】× 【解析】本题考查其他权益工具的分类。企业应根据所签订金融工具的合同条款及其所反映的经济实质在初始确认时将该金融工具或其组成部分分类为金融资产、金融负债或权益工具，而不能仅仅根据其名称中是否包含"股"或"债"。也就是说，优先股和永续债均有可能被分类为权益工具或金融负债。

刷提高

208. 【答案】D 【解析】本题考查实收资本（或股本）的减少。甲公司回购股票 200 万股，回购价格每股 5 元，所以计入库存股的金额 = $200 \times 3 = 600$（万元）。注销回购股票时，应当先冲减股本，然后再冲减资本公积，资本公积不足之时，再依次冲减盈余公积和未分配利润。本题中，应冲减的股本为 200 万元，剩余 400 万元，该金额低于资本公积的账面价值，故冲减资本公积 400 万元，选项 D 正确。

209. 【答案】C 【解析】本题考查资本溢价（或股本溢价）的核算。甲股份有限公司应记入"资本公积——股本溢价"科目的金额 = $(5 - 1) \times 1\,000 - 5 \times 1\,000 \times 2\% = 3\,900$（万元），选项 C 正确。

210. 【答案】B 【解析】本题考查盈余公积。该公司注销本公司股份时应冲减的盈余公积 = $2\,000 \times 3 - 2\,000 - 3\,000 = 1\,000$（万元），选项 B 正确。

211. 【答案】C 【解析】本题考查留存收益概述。如果以前年度有未弥补的亏损（即年初未分配利润余额为负数），应先弥补以前年度亏损再提取盈余公积。

（1）该企业提取的法定盈余公积 =（110 – 100）×10% = 1（万元）；

（2）该企业可供投资者分配的利润 =（ – 100 + 110）– 1 = 9（万元），选项 C 正确。

212.【答案】D 【解析】本题考查未分配利润。盘盈的固定资产按照重置成本入账，所以对甲公司期初留存收益的影响额为 10 万元。

【提示】由于留存收益包含盈余公积和未分配利润，所以甲公司按照 10% 的比例提取法定盈余公积对留存收益无影响。

213.【答案】ABC 【解析】本题考查实收资本的增加。该公司接受丙企业出资的会计分录为：

借：银行存款	100	
贷：实收资本		50
资本公积——资本溢价		50

选项 A、B、C 正确。

214.【答案】BCD 【解析】本题考查实收资本（或股本）的减少。该公司回购并注销股票的会计分录如下：

（1）回购股票：

借：库存股	1 400	
贷：银行存款		1 400

（2）注销股票：

借：股本	200	
资本公积——股本溢价	800	
盈余公积	400	
贷：库存股		1 400

选项 B、C、D 正确。

215.【答案】AD 【解析】本题考查资本溢价（或股本溢价）的核算。

（1）投资者实际出资额超出其在企业注册资本的所占份额：

借：银行存款等
　贷：实收资本【或股本】
　　资本公积——股本溢价

选项 A 正确。

（2）盈余公积转增资本：

借：盈余公积
　贷：实收资本【或股本】

选项 B 错误。

（3）回购股票确认库存股科目的账面价值：

借：库存股
　贷：银行存款

选项 C 错误。

（4）股份有限公司溢价发行股票扣除交易费用后的股本溢价：

借：银行存款

　　贷：股本

　　　　资本公积——股本溢价

选项 D 正确。

216. 【答案】× 【解析】本题考查留存收益管理。如果以前年度未分配利润有盈余（即年初未分配利润余额为正数），在计算提取法定盈余公积的基数时，不应包括企业年初未分配利润；如果以前年度有未弥补的亏损（即年初未分配利润余额为负数），应先弥补以前年度亏损再提取盈余公积。

刷易错

217. 【答案】B 【解析】本题考查留存收益概述。法定盈余公积累计额已达注册资本的 50% 时可以不再提取（并非不再提取），所以当期产生净利润时，依旧可以提取。此外，如果以前年度未分配利润有盈余，在计算提取法定盈余公积的基数时，不应包括企业年初未分配利润，所以 2×23 年末该企业盈余公积的金额 = 500 + 1 000×10% = 600（万元），选项 B 正确。

218. 【答案】AD 【解析】本题考查所有者权益。资本公积转增股本与盈余公积弥补亏损，属于所有者权益内部发生增减变动，对所有者权益的总额无影响，所以不会导致所有者权益的总额发生变动，选项 A、D 正确；股东大会宣告分配现金股利，会使所有者权益的总额减少，选项 B 错误；转销无须偿还的应付账款，会增加营业外收入，期末会转入未分配利润，导致所有者权益增加，选项 C 错误。

219. 【答案】√ 【解析】本题考查实收资本（或股本）的减少。企业回购股票，应借记"库存股"科目，贷记"银行存款"科目，"库存股"科目是所有者权益科目中的备抵科目，所以"库存股"科目增加，会导致所有者权益减少。

刷通关

220. 【答案】B 【解析】本题考查接受非现金资产投资。该项投资导致资本公积增加的金额 = 200 + 26 − 180 = 46（万元），选项 B 正确。相关会计分录如下：

借：在建工程　　　　　　　　　　　　　　　　　200

　　应交税费——应交增值税（进项税额）　　　　　26

　　贷：实收资本　　　　　　　　　　　　　　　　180

　　　　资本公积——资本溢价　　　　　　　　　　46

221. 【答案】C 【解析】本题考查实收资本（或股本）的减少。该公司注销全部库存股的会计分录为：

（1）回购股票：

借：库存股　　　　　　　　　　　　　　　　　　　　　600

　　贷：银行存款　　　　　　　　　　　　　　　　　　　　　600

（2）注销股票：

借：股本　　　　　　　　　　　　　　　　　　　　　　200

　　资本公积——股本溢价　　　　　　　　　　　　　　　400

　　贷：库存股　　　　　　　　　　　　　　　　　　　　　600

选项 C 正确。

222. 【答案】B 【解析】本题考查盈余公积。2×23 年末该企业盈余公积 = 100 + 50 − 40 − 20 = 90（万元），选项 B 正确。

223. (1)【答案】CD 【解析】本题考查未分配利润。甲公司决定提取任意盈余公积和分派现金股利的会计分录如下：

①提取盈余公积：

借：利润分配——提取任意盈余公积　　　　　　　　　　10

　　贷：盈余公积——任意盈余公积　　　　　　　　　　　　10

②决定分派现金股利：

借：利润分配——应付现金股利或利润　　　　　　　　　40

　　贷：应付股利　　　　　　　　　　　　　　　　　　　　40

选项 C、D 正确。

(2)【答案】ABD 【解析】本题考查接受非现金资产投资。甲公司接受专利技术投资的会计分录如下：

借：无形资产　　　　　　　　　　　　　　　　　　　　250

　　应交税费——应交增值税（进项税额）　　　　　　　　15

　　贷：实收资本　　　　　　　　　　　　　　　　　　　200

　　　　资本公积——资本溢价　　　　　　　　　　　　　　65

选项 A、B、D 正确。

(3)【答案】ABCD 【解析】本题考查所有者权益。接受丁公司投资之前，"实收资本——乙公司"的金额 = 800 × 60% = 480（万元），"实收资本——丙公司"的金额 = 800 × 40% = 320（万元）；接受丁公司投资后，实收资本总额为 1 000 万元，乙公司的权益份额 = 480 ÷ 1 000 × 100% = 48%，丙公司的权益份额 = 320 ÷ 1 000 × 100% = 32%，丁公司的权益份额为 20%。

选项 A、B、C、D 正确。

(4)【答案】A 【解析】本题考查未分配利润。"未分配利润"项目的"期末余额" = 200 − 10 − 40 = 150（万元），选项 A 正确。

(5)【答案】A 【解析】本题考查资产负债表的编制。"所有者权益（或股东权益）"项目"期末余额"＝（800＋70＋100＋200）（资料1）－40（资料2）＋（200＋65）（资料3）＝1 395（万元），选项 A 正确。

224. (1)【答案】ACD 【解析】本题考查实收资本或股本的账务处理——实收资本（或股本）的增减变动。回购并注销本公司股票的会计分录如下：

借：库存股　　　　　　　　　　　　　　　　　　　　　8 500

　　贷：银行存款　　　　　　　　　　　　　　　　　　　　　8 500

借：股本　　　　　　　　　　　　　　　　　　　　　　1 000

　　资本公积——股本溢价　　　　　　　　　　　　　　7 000

　　盈余公积　　　　　　　　　　　　　　　　　　　　500

　　贷：库存股　　　　　　　　　　　　　　　　　　　　　8 500

选项 A、C、D 正确。

(2)【答案】AC 【解析】本题考查盈余公积的账务处理、未分配利润的账务处理。该公司有关利润结转和分配的会计分录如下：

①结转本年实现的净利润时：

借：本年利润　　　　　　　　　　　　　　　　　　　　1 000

　　贷：利润分配——未分配利润　　　　　　　　　　　　　　1 000

②提取盈余公积时：

借：利润分配——未分配利润　　　　　　　　　　　　　100

　　贷：盈余公积——法定盈余公积　　　　　　　　　　　　　100

选项 A、C 正确。

(3)【答案】AC 【解析】本题考查未分配利润的账务处理。该公司宣告发放现金股利会计分录如下：

宣告发放现金股利时：

借：利润分配——应付现金股利或利润　　　　　　　　2 400

　　盈余公积　　　　　　　　　　　　　　　　　　　　600

　　贷：应付股利　　　　　　　　　　　　　　　　　　　　3 000

会导致未分配利润减少2 400万元，盈余公积减少600万元，留存收益减少3 000万元，应付股利增加3 000万元，选项 A、C 正确。

(4)【答案】AC 【解析】本题考查所有者权益概述。

①回购本公司股票：

借：库存股　　　　　　　　　　　　　　　　　　　　　8 500

　　贷：银行存款　　　　　　　　　　　　　　　　　　　　　8 500

会使股东权益总额减少，选项 A 正确。

②注销回购的股票：

借：股本　　　　　　　　　　　　　　　　　　　　　　1 000

　　资本公积——股本溢价　　　　　　　　　　　　　　7 000

　　盈余公积　　　　　　　　　　　　　　　　　　　　500

　　　　贷：库存股　　　　　　　　　　　　　　　　　　　　　8 500

股东权益总额不变，选项 B 错误。

③宣告用盈余公积派发现金股利：

借：盈余公积　　　　　　　　　　　　　　　　　　　　　600

　　　贷：应付股利　　　　　　　　　　　　　　　　　　　　600

会使股东权益总额减少，选项 C 正确。

④提取盈余公积：

借：利润分配——未分配利润　　　　　　　　　　　　　　100

　　　贷：盈余公积——法定盈余公积　　　　　　　　　　　　100

股东权益总额不变，选项 D 错误。

（5）【答案】B　【解析】本题考查所有者权益概述。该公司 2×23 年末所有者
权益总额＝年初所有者权益总额＋本期所有者权益增加额－本期所有者权益减少
额＝35 300（年初）－8 500［资料（1）］＋1 000［资料（2）］－2 400［资料
（3）］－600［资料（3）］＝24 800（万元），选项 B 正确。

225.（1）【答案】ABD　【解析】本题考查实收资本或股本的账务处理——实收资本
（或股本）的增减变动。甲公司以资本公积转增资本的会计分录如下：

借：资本公积　　　　　　　　　　　　　　　　　　　　　150

　　　贷：实收资本　　　　　　　　　　　　　　　　　　　　150

选项 A、B、D 正确。

（2）【答案】BCD　【解析】本题考查实收资本（或股本）的增减变动。甲公司
引入新投资人投资的会计分录如下：

借：银行存款　　　　　　　　　　　　　　　　　　　　　650

　　　贷：实收资本　　　　　　　　　　　　　　　　　　　　550

　　　　　资本公积——资本溢价　　　　　　　　　　　　　　100

选项 B、C、D 正确。

（3）【答案】ABC　【解析】本题考查未分配利润的账务处理。甲公司年末结转净
利润及利润分配的会计分录如下：

①年末结转净利润：

借：本年利润　　　　　　　　　　　　　　　　　　　　　400

　　　贷：利润分配——未分配利润　　　　　　　　　　　　　400

②提取法定盈余公积：

借：利润分配——提取法定盈余公积　　　　　　　　　　　40

　　　贷：盈余公积——法定盈余公积　　　　　　　　　　　　40

③向投资者分配现金股利：

借：利润分配——应付现金股利或利润　　　　　　　　　　120

　　　贷：应付股利　　　　　　　　　　　　　　　　　　　　120

选项 A、B、C 正确。

(4)【答案】B 【解析】本题考查留存收益的管理。2×23 年 12 月 31 日甲公司留存收益的金额 = (300 + 150) + (400 − 400 × 30%) = 730（万元），选项 B 正确。

【提示】甲公司按照净利润的 10% 提取法定盈余公积，属于留存收益内部转换，不影响留存收益总额，因此，本题计算中不予考虑。

(5)【答案】ABCD 【解析】本题考查资产负债表项目的填列说明。

① "资本公积" 项目 = 150 − 150 + 100 = 100（万元），选项 A 正确；

② "实收资本" 项目 = 1 500 + 150 + 550 = 2 200（万元），选项 B 正确；

③ "盈余公积" 项目 = 300 + 40 = 340（万元），选项 C 正确；

④ "所有者权益合计" 项目 = (1 500 + 150 + 300 + 150) + 650 + (400 − 400 × 30%) = 3 030（万元），选项 D 正确。

第七章　收入、费用和利润

226.【答案】A【解析】工业企业销售产品收入属于主营业务收入，销售原材料收入和出租包装物的租金收入属于其他业务收入，接受与日常活动无关的政府补助属于营业外收入。

227.【答案】B【解析】企业对于发出的商品，不符合收入确认条件的，应按其实际成本由"库存商品"科目转入"发出商品"科目，所以应借记"发出商品"科目，贷记"库存商品"科目。

228.【答案】D【解析】本题考查赊销方式销售业务的账务处理。甲公司将M商品全部交付后才有权收取款项，因此，至2×23年12月31日，甲公司应当将因交付M商品而有权收取的对价确认为合同资产，金额80万元；2×24年1月1日至1月31日，甲公司交付全部M商品而有权收取的对价确认为应收账款，金额100万元，会计分录如下：

（1）2×23年12月31日：

借：合同资产　　　　　　　　　　　　　　　　　　80

　　贷：主营业务收入　　　　　　　　　　　　　　　　　80

（2）2×24年1月31日：

借：应收账款　　　　　　　　　　　　　　　　　　100

　　贷：主营业务收入　　　　　　　　　　　　　　　　　20

　　　　合同资产　　　　　　　　　　　　　　　　　　　80

229.【答案】B【解析】本题考查合同负债。该公司收到会员费时的会计分录：

借：银行存款　　　　　　　　　　　　　　　　　2 000

　　贷：合同负债　　　　　　　　　　　　　　　　　2 000

230.【答案】B【解析】合同的存在是企业确认客户合同收入的前提。选项B正确。

231.【答案】D【解析】对于某一时点履行的履约义务，企业应在客户取得商品控制权时确认收入。

232.【答案】C【解析】本题考查确定交易价格。该项业务的交易价格=900+20=920（万元），选项C正确。

233.【答案】D【解析】本题考查将交易价格分摊至各单项履约义务。该企业销售M设备应分担的交易价格=400×330÷（330+110）=300（万元），选项D正确。

234. 【答案】C　【解析】本题考查合同取得成本。聘请外部律师进行尽职调查支付相关费用 10 万元，为投标发生差旅费 2 万元，不属于增量成本，应于发生时直接计入当期损益。该公司计入合同取得成本的金额为 5 万元，选项 C 正确。

235. 【答案】D　【解析】甲公司 2×23 年 12 月应确认的劳务收入 = 120 × 40% = 48（万元）。

236. 【答案】B　【解析】本题考查税金及附加的账务处理。增值税、个人所得税和企业所得税，不通过"税金及附加"科目核算，选项 B 正确。

237. 【答案】A　【解析】本题考查销售费用。销售费用是与企业销售商品活动有关的费用，但不包括销售商品本身的成本，该成本属于主营业务成本，选项 B 错误；销售机构发生的招待费与建造销售中心在筹建期发生的利息费用，应通过"管理费用"科目核算，选项 C、D 错误。

238. 【答案】C　【解析】本题考查管理费用的内容。商品维修费，应通过"销售费用"科目核算，选项 C 错误。

239. 【答案】C　【解析】本题考查销售费用。商品销售过程中发生的运输费和装卸费应计入销售费用，所以甲公司此项业务应增加销售费用 1 万元，选项 C 正确。

240. 【答案】A　【解析】本题考查财务费用。汇兑损失、支付商业汇票承兑的手续费，应通过"财务费用"科目的借方核算，选项 B、D 错误；销售商品给予客户的现金折扣，属于可变对价，不通过"财务费用"科目核算，选项 C 错误。

241. 【答案】D　【解析】本题考查营业外收入。营业外收入主要包括非流动资产毁损报废收益、与企业日常活动无关的政府补助、盘盈利得、捐赠利得等，选项 A、B、C 正确；控股股东对子公司的无偿捐赠，从经济实质上判断，这种行为属于控股股东对企业的资本性投入，应作为权益性交易，相关利得记入"资本公积"科目。

242. 【答案】D　【解析】本题考查营业外支出。生产设备的减值损失，应通过"资产减值损失"科目核算，选项 A 错误；出售办公楼的净损失，应通过"资产处置损益"科目核算，选项 B 错误；库存商品因管理不当盘亏的净损失，应通过"管理费用"科目核算，选项 C 错误。

243. 【答案】C　【解析】本题考查本年利润的账务处理。表结法下，年中损益类科目无须结转入"本年利润"科目，从而减少了转账环节和工作量，选项 A 错误；表结法下，各损益类科目每月月末只需结计出本月发生额和月末累计余额，不结转至"本年利润"科目，只有在年末时才将全年累计余额结转入"本年利润"科目，选项 B 错误；账结法下，每月月末均需编制转账凭证，将在账上结计出的各损益类科目的余额结转入"本年利润"科目，选项 C 正确；账结法在各月均可通过"本年利润"科目提供当月及本年累计的利润（或亏损）额，但增加了转账环节和工作量，选项 D 错误。

244. 【答案】ABCD　【解析】本题考查收入的确认与计量。企业与客户之间的合同同时满足下列五项条件的，企业应当在客户取得相关商品控制权时确认收入：（1）合同各方已批准该合同并承诺将履行各自义务。（2）该合同明确了合同各方与所转让商品相关的权利和义务。（3）该合同有明确的与所转让商品相关的支付条款。（4）该合同具有商业实质，即履行该合同将改变企业未来现金流量的风险、时间分布或金额。（5）企业因向客户转让商品而有权取得的对价很可能收回。选项 A、B、C、D 正确。

245.【答案】AB　【解析】本题考查收入的确认与计量。收入确认与计量的五个步骤分别是：（1）识别与客户订立的合同；（2）识别合同中的单项履约义务；（3）确定交易价格；（4）将交易价格分摊至各单项履约义务；（5）履行各单项履约义务时确认收入。

其中，第（1）步、第（2）步和第（5）步主要与收入的确认有关，第（3）步和第（4）步主要与收入的计量有关，选项 A、B 正确。

246.【答案】ABCD　【解析】本题考查一般商品销售收入的确认。在判断控制权是否转移时，企业应当综合考虑下列迹象：（1）企业就该商品享有现时收款权利，即客户就该商品负有现时付款义务；（2）企业已将该商品的法定所有权转移给客户，即客户已拥有该商品的法定所有权；（3）企业已将该商品实物转移给客户，即客户已占有该商品实物；（4）企业已将该商品所有权上的主要风险和报酬转移给客户，即客户已取得该商品所有权上的主要风险和报酬；（5）客户已接受该商品；（6）其他表明客户已取得商品控制权的迹象。选项 A、B、C、D 正确。

247.【答案】ABCD　【解析】企业向客户授予的额外购买选择权的形式包括销售激励、客户奖励积分、未来购买商品的折扣券以及合同续约选择权等。

248.【答案】ABC　【解析】本题考查费用。费用包括企业日常活动所发生的经济利益的总流出，主要指企业为取得营业收入进行产品销售等营业活动所发生的营业成本、税金及附加和期间费用。

249.【答案】AB　【解析】本题考查利润的构成。利得与损失包括两类：一是直接计入当期损益的利得与损失；二是直接计入所有者权益的利得与损失。其中，直接计入所有者权益的利得与损失不影响利润总额，选项 C、D 错误。

250.【答案】BD　【解析】本题考查所得税费用。企业投资国债取得利息收入 5 000 元与企业从其投资期限超过 1 年的居民企业取得的现金股利 30 000 元，属于免税收入，所以在计算应纳税所得额时应在利润总额基础上进行纳税调减，选项 A、C 错误。

251.【答案】AD　【解析】本题考查本年利润。账结法下，期末时应将损益类账户本期发生额结转至"本年利润"科目，选项 A、D 正确；制造费用属于成本类科目，研发支出部分形成资产，部分转入管理费用，期末时不能直接转入"本年利润"科目，选项 B、C 错误。

252.【答案】×　【解析】本题考查收入的确认与计量。交易价格是指企业因向客户转让商品而预期有权收取的对价金额，不包括企业代第三方收取的款项（如增值税）以及企业预期将退还给客户的款项。本题中，增值税普通发票注明的金额113 万元为含税金额，其中包含的增值税 13 万元不包括在交易价格中，所以该业务的交易价格为 100 万元。

253. 【答案】× 【解析】本题考查一般商品销售收入的确认。企业已将该商品的法定所有权转移给客户，即客户已拥有该商品的法定所有权。例如，房地产企业向客户销售商品房，在客户付款后取得房屋产权证时，表明企业已将该商品房的法定所有权转移给客户。

254. 【答案】× 【解析】附有销售退回条款的销售，在资产负债表日，企业应当重新估计未来销售退回的情况，并对上述资产和负债进行重新计量，如有变化，应当作为会计估计变更进行会计处理。

刷提高

255. 【答案】C 【解析】本题考查在某一时段内完成的商品销售收入的账务处理。当履约进度不能合理确定时，企业已经发生的成本预计能够得到补偿的，应当按照已经发生的成本金额确认收入，直到履约进度能够合理确定为止。2×23 年该企业应确认的收入为 800 万元，选项 C 正确。

256. 【答案】D 【解析】甲公司 2×23 年 3 月份应确认的收入 = 5×80×(1−8%) = 368（万元）。

257. 【答案】D 【解析】本题考查税金及附加。税金及附加是指企业经营活动应负担的相关税费，包括消费税、城市维护建设税、教育费附加、资源税、土地增值税、房产税、环境保护税、城镇土地使用税、车船税、印花税等，所以计入税金及附加的金额 = 90+33.6+14.4 = 138（万元）。

258. 【答案】C 【解析】本题考查利润的构成。确认捐赠支出 10 万元，应记入"营业外支出"科目，影响利润总额，但不影响营业利润。因此，2×23 年该企业确认的营业利润 = 500−300+50−30 = 220（万元），选项 C 正确。

259. 【答案】A 【解析】本题考查所得税费用。所得税费用 = (192+8)×25% = 50（万元），净利润 = 192−50 = 142（万元），选项 A 正确。

260. 【答案】ABC 【解析】本题考查在某一时段内完成的商品销售收入的账务处理。满足下列条件之一的，属于在某一时段内履行的履约义务：(1) 客户在企业履约的同时即取得并消耗企业履约所带来的经济利益（选项 A 正确）。(2) 客户能够控制企业履约过程中在建的商品（选项 B 正确）。(3) 企业履约过程中所产出的商品具有不可替代用途，且该企业在整个合同期间内有权就累计至今已完成的履约部分收取款项（选项 C 正确）。庚公司向辛公司销售的日化用品，属于时点履约义务，选项 D 错误。

261.【答案】AB 【解析】本题考查期间费用。以自产的应交消费税的商品作为非货币性职工福利发放给财务部员工，应按照该商品含增值税的市场价值，确认"管理费用"，同时，消费税还应确认"税金及附加"，所以不影响财务费用，选项 C 错误；以非合并方式取得的长期股权投资所支付的律师费与审计费，应记入"长期股权投资——投资成本"科目，不计入期间费用，选项 D 错误。

262.【答案】BC 【解析】资产的账面价值小于其计税基础，或负债的账面价值大于其计税基础，产生可抵扣暂时性差异。

263.【答案】× 【解析】本题考查收入的确认与计量。履约义务是指合同中企业向客户转让可明确区分商品或服务的承诺。企业应当将向客户转让可明确区分商品（或者商品的组合）的承诺以及向客户转让一系列实质相同且转让模式相同的、可明确区分商品的承诺作为单项履约义务。例如，企业与客户签订合同，向其销售商品并提供安装服务，该安装服务简单，除该企业外其他供应商也可以提供此类安装服务，该合同中销售商品和提供安装服务为两项单项履约义务。若该安装服务复杂且商品需要按客户定制要求修改，则合同中销售商品和提供安装服务合并为单项履约义务。

264.【答案】√ 【解析】回购价格明显高于该商品回购时的市场价值时，客户出于经济利益考虑，通常会有重大经济动因选择回购商品。

刷易错

265.【答案】B 【解析】本题考查识别合同中的单项履约义务。企业向客户转让一系列实质相同且转让模式相同的、可明确区分商品的承诺，也应当作为单项履约义务，选项 A、C、D 中均包含两项单项履约义务，选项 A、C、D 错误。

266.【答案】A 【解析】本题考查利润的构成。确认无形资产减值损失，记入"资产减值损失"科目，影响营业利润的结果，选项 A 正确；确认所得税费用，记入"所得税费用"科目，影响净利润的结果，不影响营业利润的结果，选项 B 错误；捐赠支出，记入"营业外支出"科目，影响利润总额和净利润的结果，不影响营业利润的结果，选项 C 错误；接受捐赠利得，记入"营业外收入"科目，影响利润总额和净利润的结果，不影响营业利润的结果，选项 D 错误。

267.【答案】ACD 【解析】客户不具有行使该要求权重大经济动因，回购价格低于市场价格的，应当将其作为附有销售退回条款的销售交易进行会计处理，选项 B 错误。

268.【答案】√ 【解析】本题考查合同成本。企业对合同取得成本进行摊销时，借记"销售费用"等科目，贷记"合同取得成本"科目。

刷通关

269. 【答案】B 【解析】授予奖励积分的公允价值 = 5 000/200 × 10 = 250（元），因该顾客购物商场应确认的收入 = 5 000 × 5 000/（5 000 + 250）= 4 761.9（元）。

270. 【答案】C 【解析】本题考查利润的构成。无形资产研究阶段支出 50 万元，期末通过"管理费用"科目核算，影响营业利润；营业外支出 15 万元，影响利润总额。甲公司 2×23 年的营业利润 = 1 000 − 600 − 20 − 70 = 310（万元），选项 C 正确。

271. 【答案】D 【解析】本题考查营业外支出。仓库丧失所有权的净损失计入营业外支出；支付的诉讼费和律师费计入管理费用。2×23 年 6 月企业转销仓库计入营业外支出的金额 = 100 − 35 = 65（万元），选项 D 正确。

272. 【答案】C 【解析】本题考查所得税费用。所得税费用 = 当期所得税 + 递延所得税费用 = 当期所得税 +（递延所得税负债 − 递延所得税资产）= 650 + [（58 − 45）−（36 − 32）] = 659（万元）。选项 C 正确。

273. 【答案】A 【解析】本题考查所得税费用。该企业 2×23 年应确认的所得税费用 =（3 000 − 180 + 30）× 25% = 712.5（万元），选项 A 正确。

274. 【答案】BC 【解析】选项 B，应当将销售取得的货款或应收货款在本次商品销售或提供劳务单独售价与奖励积分的单独售价之间进行分配，奖励积分分配的交易价格确认为合同负债；选项 C，对于附有销售退回条款的销售，企业应在客户取得相关商品控制权时，按照因向客户转让商品而预期有权收取的对价金额（不包含预期因销售退回将退回的金额）确认收入。

275. 【答案】BD 【解析】本题考查管理费用。无法查明原因的现金短缺记入"管理费用"科目的借方，选项 A 错误；财产清查中盘盈的原材料记入"管理费用"科目的贷方，选项 B 正确；出租管理用无形资产计提的摊销记入"其他业务成本"科目，选项 C 错误；年末结转管理费用，贷记"管理费用"科目，选项 D 正确。

276. 【答案】ACD 【解析】本题考查所得税费用。所得税费用，应通过"所得税费用"科目核算，选项 B 错误。

277. 【答案】√ 【解析】企业提供的额外购买选择权构成单项履约义务的，企业应当按照交易价格分摊的相关原则，将交易价格分摊至该履约义务。

278. (1)【答案】BCD 【解析】本题考查合同成本与合同负债。甲公司为取得合同发生支出的相关会计分录如下：
①支付促成合同的中介机构佣金时：
借：合同取得成本　　　　　　　　　　　15
　　贷：银行存款　　　　　　　　　　　　　15
②支付咨询费时：
借：管理费用　　　　　　　　　　　　　3

| | 贷：银行存款 | 3 |

③支付因投标而发生的差旅费时：

| 借：管理费用 | 6 |
| 贷：银行存款 | 6 |

选项 B、C、D 正确。

(2)【答案】ABCD 【解析】本题考查合同成本与合同负债。甲公司发生装修成本的会计分录如下：

借：合同履约成本	100
贷：应付职工薪酬	50
银行存款	10
累计折旧	40

选项 A、B、C、D 正确。

(3)【答案】CD 【解析】本题考查合同成本与合同负债。甲公司确认当月合同收入并结转当月合同履约成本的会计分录如下：

①确认当月合同收入：

借：银行存款	174.4
贷：主营业务收入	160
应交税费——应交增值税（销项税额）	14.4

②结转当月合同履约成本：

| 借：主营业务成本 | 100 |
| 贷：合同履约成本 | 100 |

选项 C、D 正确。

(4)【答案】AB 【解析】本题考查合同成本与合同负债。

①履约进度 $=100/2\,000 \times 100\% = 5\%$；

②合同取得成本摊销额 $=15 \times 5\% = 0.75$（万元）。

会计分录如下：

| 借：销售费用 | 0.75 |
| 贷：合同取得成本 | 0.75 |

选项 A、B 正确。

(5)【答案】C 【解析】本题考查利润表的编制——填列方法。甲公司相关业务对 2×23 年 12 月利润表"营业利润"项目的影响金额 $= -3$（资料 1）-6（资料 1）$+160$（资料 3）-100（资料 3）-0.75（资料 1）$= 50.25$（万元），选项 C 正确。

279.(1)【答案】AD 【解析】本题考查商业汇票结算方式销售业务的账务处理。会计分录如下：

| 借：应收票据 | 565 |
| 贷：主营业务收入 | 500 |

应交税费——应交增值税（销项税额）	65
借：主营业务成本	350
贷：库存商品	350

(2)【答案】AC 【解析】本题考查期间费用。甲公司支付维修费及中介机构服务费的会计分录如下：

借：销售费用	5.5
管理费用	3
应交税费——应交增值税（进项税额）	0.895
贷：银行存款	9.395

(3)【答案】BCD 【解析】本题考查存货清查。甲公司库存商品毁损的会计分录如下：

借：待处理财产损溢	7
贷：库存商品	7
借：其他应收款	4
营业外支出	3
贷：待处理财产损溢	7

(4)【答案】D 【解析】本题考查无形资产的出售和报废。企业转让（即出售）无形资产产生的净损益，应记入"资产处置损益"科目，选项D正确。

(5)【答案】A 【解析】本题考查利润总额的计算。甲公司 2×23 年12月实现的利润总额 $=(500-350)-(5.5+3)-3+10=148.5$（万元），选项A正确。

280. (1)【答案】D 【解析】甲公司 2×23 年10月节日促销活动应确认收入的金额 $=410 \times 410/(410+100 \times 90\%)=336.2$（万元）。

(2)【答案】BC 【解析】甲公司对于 2×23 年10月节日促销活动应编制的会计分录为：

借：银行存款	410
贷：主营业务收入	336.2
合同负债（410－336.2）	73.8
借：主营业务成本	300
贷：库存商品	300

(3)【答案】C 【解析】合同履约进度 $=96/(96+64) \times 100\%=60\%$，甲公司 2×23 年提供设备安装服务应确认收入的金额 $=200 \times 60\%=120$（万元）。会计分录为：

借：银行存款	150
贷：主营业务收入	120
合同负债	30
借：合同履约成本	96
贷：银行存款等	96

（4）【答案】D　【解析】甲公司 2×23 年 12 月 31 日销售商品时应确认的收入 = 200 × 1 × （1 – 5%） = 190 （万元）。

（5）【答案】ACD　【解析】该项业务使营业利润增加 38 万元（190 – 152）。甲企业应编制的会计分录为：

借：银行存款　　　　　　　　　　　　　　　　　　　　　　200
　　贷：主营业务收入（200 × 1 × 95%）　　　　　　　　　　190
　　　　预计负债（200 × 1 × 5%）　　　　　　　　　　　　　10
借：主营业务成本（200 × 0.8 × 95%）　　　　　　　　　　152
　　应收退货成本（200 × 0.8 × 5%）　　　　　　　　　　　8
　　　　贷：库存商品　　　　　　　　　　　　　　　　　　160

281. （1）【答案】BCD　【解析】本题考查固定资产的初始计量。甲企业相关会计分录如下：

购入建造工程用的各种物资：

借：工程物资　　　　　　　　　　　　　　　　　　　　　　100
　　应交税费——应交增值税（进项税额）　　　　　　　　　13
　　　　贷：银行存款　　　　　　　　　　　　　　　　　　113

选项 A 错误。

领用本企业生产的水泥：

借：在建工程　　　　　　　　　　　　　　　　　　　　　　60
　　　　贷：库存商品　　　　　　　　　　　　　　　　　　60

选项 B 正确。

应计工程人员薪酬：

借：在建工程　　　　　　　　　　　　　　　　　　　　　　20
　　　　贷：应付职工薪酬　　　　　　　　　　　　　　　　20

选项 C 正确。

截至 12 月 31 日，"在建工程"借方金额 = 100 + 60 + 20 + 7 = 187 （万元），由于该建造工程尚未完工，且工程出现减值迹象，经减值测试该在建工程的可回收金额为 160 万元，所以减值金额 = 187 – 160 = 27 （万元），会计分录如下：

借：资产减值损失　　　　　　　　　　　　　　　　　　　　27
　　　　贷：在建工程减值准备　　　　　　　　　　　　　　27

选项 D 正确。

（2）【答案】BD　【解析】本题考查交易性金融资产的后续计量。甲企业关于乙企业股权投资的会计分录如下：

2×23 年 7 月 1 日，购入交易性金融资产：

借：交易性金融资产——成本　　　　　　　　　　　　　　500
　　应收股利　　　　　　　　　　　　　　　　　　　　　　10
　　投资收益　　　　　　　　　　　　　　　　　　　　　　5

贷：其他货币资金——存出投资款 515

2×23 年 9 月 30 日，交易性金融资产公允价值变动：

借：交易性金融资产——公允价值变动 50

　　贷：公允价值变动损益 50

2×23 年 12 月 31 日，交易性金融资产公允价值变动：

借：交易性金融资产——公允价值变动 25

　　贷：公允价值变动损益 25

(3)【答案】AC 【解析】本题考查所得税费用。职工福利费 160 万元，税法规定允许扣除 140 万元，应调增应纳税所得额 20 万元，选项 A 正确；公益性捐赠支出 50 万元，税法规定允许扣除 60 万元，由于实际发生额小于税法允许扣除的金额，所以可以税前全额扣除，不应调整应纳税所得额，选项 B 错误；营业外支出 20 万元，其中包含环境污染罚款 8 万元（不允许税前扣除），合同违约罚款 7 万元（可以税前扣除），所以应调增应纳税所得额 8 万元，选项 C 正确，选项 D 错误。

(4)【答案】B 【解析】本题考查所得税费用。应纳税所得额 = 500 + 20 + 8 = 528（万元）；当期应交所得税 = 528 × 25% = 132（万元）；甲企业当期所得税费用 = 132 + [(100 − 80) − (40 − 50)] = 162（万元）。选项 B 正确。

(5)【答案】B 【解析】本题考查所得税费用。甲企业关于所得税的会计分录如下：

借：所得税费用 162

　　贷：应交税费——应交所得税 132

　　　　递延所得税负债 20

　　　　递延所得税资产 10

选项 B 正确。

第八章　财务报告

刷基础

282.【答案】D　【解析】本题考查资产负债表概述。资产负债表的右方为负债及所有者权益项目，一般按要求清偿期限长短的先后顺序排列，选项D错误。

283.【答案】D　【解析】本题考查资产负债表的编制——填列说明。
(1)"应收款项融资"项目应当按照资产负债表日以公允价值计量且其变动计入其他综合收益的应收票据和应收账款等填列，选项A错误；
(2)"交易性金融资产"项目应根据"交易性金融资产"科目的相关明细科目期末余额分析填列，选项B错误；
(3)"其他债权投资"项目应根据"其他债权投资"科目的相关明细科目期末余额分析填列，选项C错误。

284.【答案】D　【解析】本题考查资产负债表的编制。"预付款项"项目，反映企业按照购货合同规定预付给供应单位的款项等。本项目应根据"预付账款"和"应付账款"科目所属各明细科目的期末借方余额合计数，减去"坏账准备"科目中有关预付账款计提的坏账准备期末余额后的净额填列，选项D正确。

285.【答案】D　【解析】本题考查资产负债表的编制。"固定资产"项目应根据"固定资产"科目的期末余额，减去"累计折旧"和"固定资产减值准备"科目的期末余额后的金额，以及"固定资产清理"科目的期末余额填列。因此，甲公司 2×23 年12月31日资产负债表中"固定资产"项目金额 $= 5\,000 - 2\,800 - 400 + 60 = 1\,860$（万元），选项D正确。

286.【答案】C　【解析】本题考查利润表概述。利润表的表体结构有单步式和多步式两种，我国企业的利润表采用多步式格式，选项C不正确。

287.【答案】B　【解析】本题考查利润表的编制。"研发费用"项目，反映企业进行研究与开发过程中发生的费用化支出以及计入管理费用的自行开发无形资产的摊销。本项目应根据"管理费用"科目下的"研发费用"明细科目的发生额以及"管理费用"科目下"无形资产摊销"明细科目的发生额分析填列，选项B错误。

288.【答案】A　【解析】本题考查利润表的编制。转让生产设备取得净收益，应列入"资产处置收益"或"营业外收入"项目，选项B错误；接受捐赠取得的材料，应列入"营业外收入"项目，选项C错误；按持股比例取得的现金股利，应列入"投资收益"项目，选项D错误。

289. 【答案】B 【解析】本题考查利润表的编制。"营业收入"项目，反映企业经营主要业务和其他业务所确认的收入总额。本项目应根据"主营业务收入"和"其他业务收入"科目的发生额分析填列。因此，甲企业 2×23 年利润表中"营业收入"项目的列报金额 = 800 + 300 = 1 100（万元），选项 B 正确。

290. 【答案】C 【解析】本题考查现金流量表概述。现金等价物，是指企业持有的期限短、流动性强、易于转换为已知金额现金、价值变动风险很小的投资。期限短，一般是指从购买日起 3 个月内到期。现金等价物通常包括 3 个月内到期的债券投资等，选项 C 错误。

291. 【答案】B 【解析】本题考查现金流量表的编制。企业购买原材料支付的增值税进项税额，属于经营活动产生的现金流量中的购买商品、接受劳务支付的现金，选项 B 正确。

292. 【答案】A 【解析】本题考查现金流量表的结构原理。发行股票、债券收到的现金，属于"筹资活动产生的现金流量"，选项 B 错误；广告宣传支付的现金和购买商品支付的现金，属于"经营活动产生的现金流量"，选项 C、D 错误。

293. 【答案】D 【解析】本题考查所有者权益变动表。所有者权益合计 = 实收资本（或股本）+ 其他权益工具 + 资本公积 − 库存股 + 其他综合收益 + 未分配利润，选项 D 错误。

294. 【答案】ABC 【解析】本题考查财务报告体系及其构成。一套完整的财务报表至少应包括"四表一注"，即资产负债表、利润表、现金流量表、所有者权益变动表和附注，选项 A、B、C 正确。

295. 【答案】ABCD 【解析】本题考查资产负债表的编制。资产负债表的填列方法有五种：（1）根据总账科目余额填列；（2）根据明细账科目余额计算填列；（3）根据总账科目与明细账科目余额分析填列；（4）根据有关科目余额减去其备抵科目余额后的净额填列；（5）综合运用上述填列方法分析填列。选项 A、B、C、D 正确。

296. 【答案】AC 【解析】本题考查资产负债表编制——填列说明。按年付息还本的债券确认的未付利息，应在资产负债表的"其他应付款"项目列示，选项 B 错误；将于 1 年内偿还的长期借款，应在资产负债表的"一年内到期的非流动负债"项目列示，选项 D 错误。

297. 【答案】ABC 【解析】本题考查利润表的编制。递延收益项目，在资产负债表中列示，选项 D 错误。

298. 【答案】BCD 【解析】本题考查财务报告编制基础。现金流量表应当按照收付实现制编制，其他报表应当按照权责发生制列报，选项 A 错误。

299. 【答案】ABCD 【解析】本题考查所有者权益变动表。在所有者权益变动表上，企业至少应当单独列示反映下列信息的项目：（1）综合收益总额；（2）会计政策变更和差错更正的累积影响金额；（3）所有者投入资本和向所有者分配利润等；（4）提取的盈余公积；（5）实收资本、其他权益工具、资本公积、其他综合收益、专项储备、盈余公积、未分配利润的期初和期末余额及其调节情况。选项 A、B、C、D 正确。

300.【答案】ABCD 【解析】本题考查附注。附注的主要内容：（1）企业的基本情况；（2）财务报表的编制基础；（3）遵循企业会计准则的声明；（4）重要会计政策和会计估计；（5）会计政策和会计估计变更以及差错更正的说明；（6）报表重要项目的说明；（7）或有和承诺事项、资产负债表日后非调整事项、关联方关系及其交易等需要说明的事项；（8）有助于财务报表使用者评价企业管理资本的目标、政策及程序的信息。选项 A、B、C、D 正确。

301.【答案】√ 【解析】本题考查所有者权益变动表的内容。在所有者权益变动表上，企业至少应当单独列示反映下列信息的项目：
（1）综合收益总额；
（2）会计政策变更和差错更正的累积影响金额；
（3）所有者投入资本和向所有者分配利润等；
（4）提取的盈余公积；
（5）实收资本、其他权益工具、资本公积、其他综合收益、专项储备、盈余公积、未分配利润的期初和期末余额及其调节情况。

302.【答案】√ 【解析】本题考查资产负债表的编制。"短期借款"项目，应根据"短期借款"总账科目的余额直接填列。

303.【答案】√ 【解析】本题考查利润表的编制。债务重组中因处置非流动资产（金融工具、长期股权投资和投资性房地产除外）产生的利得或损失和非货币性资产交换中换出非流动资产（金融工具、长期股权投资和投资性房地产除外）产生的利得或损失也应列示于利润表的"资产处置收益"项目中。

304.【答案】× 【解析】本题考查现金流量表的编制。购入固定资产支付的现金，应在现金流量表中"投资活动产生的现金流量"项目填列。

刷提高

305.【答案】C 【解析】本题考查资产负债表的编制。"工程物资"科目金额应列入"在建工程"项目。2×23 年 12 月 31 日，该公司资产负债表中"存货"项目期末余额应列报的金额 = 20 + 30 − 8 = 42（万元），选项 C 正确。

306.【答案】A 【解析】本题考查资产负债表的编制。"长期待摊费用"项目，反映企业已经发生但应由本期和以后各期负担的分摊期限在一年以上的各项费用。本项目应根据"长期待摊费用"科目的期末余额，减去将于一年内（含一年）摊销的数额后的金额分析填列。但长期待摊费用的摊销年限只剩一年或不足一年的，或预计在一年内（含一年）进行摊销的部分，不得归类为流动资产，仍在各该非流动资产项目中填列，不转入"一年内到期的非流动资产"项目。2×23 年 12 月

31 日甲公司资产负债表中"长期待摊费用"项目金额应为 3 600 万元，选项 A 正确。

307.【答案】D 【解析】本题考查现金流量表概述。申请开具银行汇票与以银行存款购买 3 个月内到期的债券，属于现金与现金等价物之间的转换，不影响现金流量净额，选项 A、B 错误；到期无力偿还的银行承兑汇票，应借记"应付票据"，贷记"短期借款"科目，不涉及现金与现金等价物，所以不影响现金流量净额，选项 C 错误。

308.【答案】BD 【解析】本题考查资产负债表的编制。"应付账款"项目，反映资产负债表日以摊余成本计量的、企业因购买材料、商品和接受服务等经营活动应支付的款项。本项目应根据"应付账款"和"预付账款"科目所属的相关明细科目的期末贷方余额合计数填列，选项 B、D 正确。

309.【答案】BCD 【解析】本题考查利润表的编制。权益法核算的长期股权投资中，被投资单位持有的其他债权投资发生公允价值变动，应通过"其他综合收益"科目核算，不影响利润表的"利润总额"项目，选项 A 错误；自用房产转为以公允价值计量的投资性房地产时，公允价值低于账面价值的差额，应通过"公允价值变动损益"科目核算，影响利润表的"利润总额"项目，选项 B 正确；自然灾害导致的固定资产净损失，应通过"营业外支出"科目核算，影响利润表的"利润总额"项目，选项 C 正确；应收账款发生预期信用损失，应通过"信用减值损失"科目核算，影响利润表的"利润总额"项目，选项 D 正确。

310.【答案】AD 【解析】本题考查现金流量表的编制。支付差旅费 3 500 元，属于"支付的其他与经营活动有关的现金"项目；代扣代缴员工个人所得税 18 300 元，属于"支付给职工以及职工支付的现金"项目；支付专利权研究阶段支出 11 700 元，属于"支付的其他与经营活动有关的现金"；支付短期借款利息 5 000 元，属于"分配股利、利润或偿付利息所支付的现金"；处置报废生产设备取得价款 10 000 元，属于"处置固定资产、无形资产和其他长期资产所收回的现金净额"。经营活动产生的现金流量 = -3 500 - 18 300 - 11 700 = -33 500（元），选项 A 正确；筹资活动产生的现金流量 = -5 000 元，选项 B 错误；投资活动产生的现金流量 = 10 000 元，选项 C 错误；现金及现金等价物净增加额 = -33 500 - 5 000 + 10 000 = -28 500（元），选项 D 正确。

311.【答案】× 【解析】本题考查利润表的编制。其他综合收益的税后净额包括不能重分类进损益的其他综合收益和将重分类进损益的其他综合收益等项目。

刷易错

312.【答案】D 【解析】本题考查资产负债表的编制。"应收账款"项目，反映资产负债表日以摊余成本计量的，企业因销售商品、提供服务等经营活动应收取的款项。该项目应根据"应收账款"科目的期末余额，减去"坏账准备"科目中相关坏账准备期末余额后的金额分析填列，选项 D 正确。

313. 【答案】A 【解析】本题考查利润表的编制。辞退补偿金不区分部门，发生时一律记入"管理费用"科目，所以该企业 2×23 年列入利润表"管理费用"项目的本期金额 = 80 + 220 + 5 + 55 = 360（万元），选项 A 正确。

314. 【答案】B 【解析】本题考查现金流量表的编制。企业代扣代缴的个人所得税，应在现金流量表的"支付给职工以及为职工支付的现金"项目中列示，选项 A 错误；企业收取的因自然灾害毁损的办公楼的保险赔偿金，应在现金流量表的"处置固定资产、无形资产和其他长期资产收回的现金净额"项目中列示，选项 C 错误；企业发行股票筹集资金所发生的审计费用，应在现金流量表的"支付的其他与筹资活动有关的现金"项目中列示，选项 D 错误。

315. 【答案】AC 【解析】本题考查利润表的编制。非同一控制下企业合并中，投资方支付的评估费，记入"管理费用"科目，选项 A 正确；为特定客户设计产品所发生的、可直接认定的产品设计费用，记入存货的成本，选项 B 错误；对应收账款计提的坏账准备，记入"信用减值损失"科目，选项 C 正确；财产清查中盘亏的固定资产，记入"营业外支出"科目，选项 D 错误。

316. 【答案】× 【解析】本题考查资产负债表的编制。企业向银行借入的长期借款将于资产负债表日后一年内到期的，应在"一年内到期的非流动负债"项目列示。

刷通关

317. 【答案】B 【解析】本题考查资产负债表的编制。相关选项的会计分录如下：
（1）因台风造成的 M 材料毁损：
借：待处理财产损溢
　　贷：原材料
借：营业外支出
　　贷：待处理财产损溢
"营业外支出"不属于留存收益项目，选项 A 错误。
（2）盘盈一台生产设备：
借：固定资产
　　贷：以前年度损益调整
借：以前年度损益调整
　　贷：盈余公积
　　　　利润分配——未分配利润
"盈余公积""利润分配——未分配利润"属于留存收益项目，且"以前年度损益调整"科目影响期初项目，选项 B 正确。

（3）出售以成本模式计量的投资性房地产：

借：银行存款

　　贷：其他业务收入

借：其他业务成本

　　投资性房地产累计折旧

　　投资性房地产减值准备

　　贷：投资性房地产

"其他业务收入""其他业务成本"不属于留存收益项目，选项C错误。

（4）转销无法支付的甲公司货款：

借：应付账款

　　贷：营业外收入

"营业外收入"不属于留存收益项目，选项D错误。

318.【答案】A 【解析】本题考查利润表概述。利润表是反映企业在一定会计期间经营成果的报表，因此，利润表是一个期间报表，编制的依据是各损益类账户的本期发生额，选项A正确。

319.【答案】B 【解析】本题考查利润表的编制。消费税15万元，是源自建造不动产领用应税消费品，所以该消费税应记入"在建工程"科目，不影响"税金及附加"项目。所以甲公司2×23年利润表"税金及附加"项目本期金额＝5.6＋2.4＋10＋2＝20（万元），选项B正确。

320.【答案】A 【解析】本题考查利润表的编制。咨询费用属于管理费用，出售专利权实现的净收益属于资产处置损益，对外公益性捐赠支出与合同违约金属于营业外支出，所以上述业务能够影响利润表"营业利润"项目的为咨询费用和出售专利权实现的净收益。因此，上述业务影响该企业2×23年9月利润表中"营业利润"的金额＝－15＋20＝5（万元），选项A正确。

321.【答案】B 【解析】本题考查现金流量表的结构原理。销售废品的收入，计入"收到其他与经营活动有关的现金"，不计入"销售商品、提供劳务收到的现金"，选项B正确。

【注意】此处销售废品不含处置报废的固定资产。

322.【答案】B 【解析】本题考查所有者权益变动表。盈余公积转增股本在所有者权益变动表"股本"项目和"盈余公积"项目反映，选项B正确。

323.【答案】ABD 【解析】本题考查资产负债表的编制。"其他应收款"项目应根据"应收利息""应收股利""其他应收款"科目的期末余额合计数，减去"坏账准备"科目中相关坏账准备期末余额后的金额填列。确认被投资方已宣告但尚未发放的现金股利，应记入"应收股利"科目，选项A正确；支付的租入包装物押金与为职工代垫的房租，应记入"其他应收款"科目，选项B、D正确；为购买方代垫的商品包装费，记入"应收账款"科目，选项C错误。

324.【答案】AD 【解析】本题考查利润表的编制。出售生产设备取得的收益与出售专利权取得的收益，记入"资产处置损益"科目，选项 A、D 正确；出售包装物取得的收入与出售原材料取得的收入，记入"其他业务收入"科目，选项 B、C 错误。

325.【答案】CD 【解析】本题考查现金流量表的编制。购建固定资产支付的现金与购买债券支付的现金，属于投资活动产生现金流量，选项 A、B 错误。

326.【答案】× 【解析】本题考查利润表的编制。企业根据会计准则的规定，计算确定的当期所得税和递延所得税之和，即为应从当期利润总额中扣除的所得税费用。

327.【答案】√ 【解析】本题考查现金流量表的结构原理。"支付其他与经营活动有关的现金"项目，反映企业经营租赁支付的租金、支付的差旅费、业务招待费、保险费、罚款支出等其他与经营活动有关的现金流出，金额较大的应当单独列示。

328.（1）【答案】ABD 【解析】本题考查资产负债表的编制——填列说明。

①根据资料（1）和资料（4），"银行存款"贷记的金额 = 2 + 56.5 = 58.5（万元），因此，资产负债表中"货币资金"项目减少的金额为 58.5 万元，选项 A 正确；

②根据资料（4），"库存商品"借记的金额 = 50 万元，因此，资产负债表中"存货"项目增加的金额为 50 万元，选项 B 正确；

③根据资料（4），"应交税费——待认证进项税额"借记的金额 = 6.5 万元，"应交税费"科目下的"待认证进项税额"明细科目期末借方余额，应在资产负债表中的"其他流动资产"项目下填列。因此，资产负债表中"其他流动资产"项目增加的金额为 6.5 万元，选项 C 错误，选项 D 正确。

相关会计分录如下：

a. 以银行存款支付管理设备的修理费用：

借：管理费用 2
    贷：银行存款 2

b. 购入一批吸尘器作为年终福利发放给职工：

借：库存商品 50
    应交税费——待认证进项税额 6.5
    贷：银行存款 56.5

（2）【答案】B 【解析】本题考查利润表的编制——填列方法。甲公司当月购入的专利技术与设备的摊销与折旧的资料如下：

单位：万元

项目	入账价值	预计使用年限	预计净残值	月折旧额（或摊销额）	本月折旧额（或摊销额）
专利技术	120	10	0	1	1
设备	360	10	0	3	0

所以，甲公司当月应当记入"管理费用"的金额为 1 万元，该费用期末在利润表中，应填入"研发费用"项目。因此，"研发费用"项目增加 1 万元，选项 B 正确。

会计分录如下：

①购入专利技术和设备：

借：无形资产	120
固定资产	360
应交税费——应交增值税（进项税额）	54
贷：银行存款	534

②计提本月摊销：

借：研发费用——费用化支出	1
贷：累计摊销	1

③期末转入"管理费用"：

借：管理费用	1
贷：研发费用——费用化支出	1

【提示】本题中，折旧的计算应结合固定资产折旧的时间规定，即"当月增加，当月不提折旧，次月开始计提折旧；当月减少，当月仍然计提折旧"。

(3)【答案】C　【解析】本题考查现金流量表的编制——直接法。甲公司当期投资活动产生的现金流量金额 $= -120 - 7.2 - 360 - 46.8 + 30 + 204 = -300$（万元），选项 C 正确。

(4)【答案】C　【解析】本题考查现金流量表的编制——间接法。甲公司将利润表中净利润调节为经营活动产生的现金流量的金额 $= 800 + 100$（累计折旧）$- 30$（固定资产报废产生的收益）$+ 40$（资产减值损失）$+ 10$（信用减值损失）$- 20$（交易性金融资产公允价值变动产生的收益）$- 60$（处置债权投资产生的投资收益）$- 40$（当期增加应收账款）$+ 2$（当期增加坏账准备）$- 3$（当期减少应付账款）$+ 1$（专利技术的摊销）$= 800$（万元），选项 C 正确。

(5)【答案】C　【解析】本题考查现金流量表的结构原理。企业的现金净流量的金额包括：经营活动产生的现金流量、投资活动产生的现金流量和筹资活动产生的现金流量，金额分别如下：

①经营活动产生的现金流量净额 $= 800$ 万元；

②投资活动产生的现金流量净额 $= -300$ 万元；

③筹资活动产生的现金流量净额 $= 450$ 万元；

④甲公司当期现金净流量的金额 $= 800 - 300 + 450 = 950$（万元）。

选项 C 正确。

329.(1)【答案】AC　【解析】本题考查现金流量表的编制。甲公司购入 M 材料的相关会计分录如下：

①2×23 年 12 月 1 日，甲公司预付 30% 的材料款：

借：预付账款　　　　　　　　　　　　　　　　　　　150

　　贷：银行存款　　　　　　　　　　　　　　　　　　150

选项 A 正确。

②2×23 年 12 月 5 日，甲公司收到 M 材料并取得增值税专用发票：

借：原材料　　　　　　　　　　　　　　　　　　　　500

　　应交税费——应交增值税（进项税额）　　　　　　 65

　　贷：预付账款　　　　　　　　　　　　　　　　　　565

选项 B 错误。

③2×23 年 12 月 15 日，甲公司 M 材料验收合格，并再支付 50% 的材料款：

借：预付账款　　　　　　　　　　　　　　　　　　　250

　　贷：银行存款　　　　　　　　　　　　　　　　　　250

④2×23 年 12 月 31 日，资产负债表中"应付账款"项目的增加额 = 565 − 150 − 250 = 165（万元），选项 C 正确。

⑤2×23 年 12 月 31 日，现金流量表中"购买商品、接受劳务支付的现金"项目的增加额 = 150 + 250 = 400（万元），选项 D 错误。

(2)【答案】BC　【解析】本题考查现金流量表的编制。根据题目，甲公司购入 W 材料取得的是增值税普通发票，所以该增值税税额不可抵扣，应计入存货的成本中，故"在途物资"科目的借方增加额 = 150 + 19.5 + 2.5 = 172（万元），选项 A 错误；以银行存款支付运杂费 2.5 万元，在编制现金流量表时，应列入"购买商品、接受劳务支付的现金"中，选项 D 错误。

(3)【答案】ACD　【解析】本题考查现金流量表项目的编制。因为该无形资产账面原值 120 万元，已计提摊销 84 万元，所以其账面价值为 36 万元，所以因自然灾害造成"无形资产"项目减少的金额为 36 万元，选项 A 正确。无形资产毁损，只需要将持有期间的"累计摊销"的金额转出，不需要将之前确认的"管理费用"金额转出，选项 B 错误。该"无形资产"毁损的金额为 36 万元，收回的保险赔偿为 30 万元，所以净损失为 6 万元，利润表中"营业外支出"项目增加 6 万元，选项 C 正确。"处置固定资产、无形资产和其他长期资产而收到的现金净额"项目，反映企业处置固定资产、无形资产和其他长期资产所取得的现金，扣除为处置这些资产而支付的有关费用后的净额。由于自然灾害所造成的固定资产等长期资产损失而收到的保险赔偿收入，也在本项目反映，所以收回的保险公司赔偿款 30 万元应计入现金流量表的"处置固定资产、无形资产和其他长期资产而收到的现金净额"项目中，选项 D 正确。

(4)【答案】AD　【解析】本题考查利润表的编制。由题可知，该投资性房地产账面价值为 1 300 万元（投资性房地产的账面余额为 1 500 万元，公允价值变动贷方余额 200 万元），所以 12 月 31 日，公允价值变为 1 350 万元时，公允价值上升 50 万元，所以"投资性房地产"项目增加 50 万元，选项 A 正确；"投资性房地产"公允价值上升，应贷记"公允价值变动损益"科目，不影响"其他综合收益", 选项 B 错误;"公允价值变动收益"项目应增加 50 万元, 选项 C 错误;"营业利润"项目增加 50 万元, 选项 D 正确。

(5)【答案】B 【解析】本题考查所得税费用。国债利息收入 50 万元为免税收入, 应调减会计利润 50 万元;业务招待费 180 万元, 允许扣除的部分为 50 万元, 应调增会计利润 130 万元;公益性捐赠支出 920 万元, 允许扣除的部分为 600 万元, 应调增会计利润 320 万元;此外, 投资性房地产还需调增会计利润 100 万元, 因此, 甲公司调整后的应纳税所得额 = 5 000 + 100 - 50 + 130 + 320 = 5 500(万元), 选项 B 正确。

330. (1)【答案】BD 【解析】本题考查固定资产折旧的账务处理。购入需要安装的设备, 在未安装完工前, 应记入"在建工程"科目, 待安装完工后结转到"固定资产"科目, 选项 A 错误;固定资产清理发生的费用支出, 应记入"固定资产清理"科目核算, 选项 C 错误。

(2)【答案】A 【解析】本题考查利润表的编制。2×23 年度利润总额 = 营业利润 + 营业外收入 - 营业外支出 = 营业收入 - 营业成本 - 税金及附加 - 销售费用 - 管理费用 - 研发费用 - 财务费用 + 其他收益 + 投资收益(- 投资损失)+ 净敞口套期收益(- 净敞口套期损失)+ 公允价值变动收益(- 公允价值变动损失)- 信用减值损失 - 资产减值损失 + 资产处置收益(- 资产处置损失)+ 营业外收入 - 营业外支出 = 9 800 - 5 000 - 300 - 100 - 300 - 50 - 30 - 2 - 20 - 30 = 3 968(万元), 选项 A 正确。

(3)【答案】C 【解析】本题考查利润表的编制。纳税调整项目如下:
按照税法规定当年准予扣除的工会经费 100 万元, 实际发生并计入当期损益的工会经费 150 万元, 因此, 应调增会计利润 50 万元;按照税法规定罚款支出 10 万元、税收滞纳金 5 万元, 不得税前扣除, 因此, 应调增会计利润 15 万元。
调整后的应纳税所得额 = 3 968 + 50 + 15 = 4 033(万元)。
甲公司 2×23 年度的所得税费用 = 4 033 × 25% = 1 008.25(万元), 选项 C 正确。

(4)【答案】C 【解析】本题考查资产负债表的编制。
甲企业 2×23 年度的所得税费用 = 4 033 × 25% = 1 008.25(万元), 相关会计分录如下:
借:所得税费用　　　　　　　　　　　　　　　　　1 008.25
　　贷:应交税费——应交所得税　　　　　　　　　　　　　1 008.25
借:本年利润　　　　　　　　　　　　　　　　　　1 008.25
　　贷:所得税费用　　　　　　　　　　　　　　　　　　　1 008.25
所以甲企业 2×23 年度的本年利润的金额 = 3 968 - 1 008.25 = 2 959.75(万元)。
年末将"本年利润"账户余额结转至未分配利润的会计分录如下:
借:本年利润　　　　　　　　　　　　　　　　　　2 959.75
　　贷:利润分配——未分配利润　　　　　　　　　　　　　2 959.75
利润分配——提取法定盈余公积 = 2 959.75 × 10% = 295.98(万元);

利润分配——提取任意盈余公积 = 2 959.75 × 5% = 147.99（万元）。

年末按照 10% 的比例计提法定盈余公积，按 5% 的比例计提任意盈余公积的会计分录如下：

借：利润分配——提取法定盈余公积   295.98

　　　　　　——提取任意盈余公积   147.99

　　贷：盈余公积——法定盈余公积   295.98

　　　　　　——任意盈余公积   147.99

甲公司 2×23 年 12 月 31 日资产负债表中"盈余公积"项目的期末金额 = 月初盈余公积金额 + 法定盈余公积 + 任意盈余公积 = 600 + 295.98 + 147.99 = 1 043.97（万元），选项 C 正确。

(5)【答案】D 【解析】本题考查资产负债表的编制。

年末宣告分派上年现金股利的会计分录如下：

借：利润分配——应付现金股利   500

　　贷：应付股利   500

年末将"利润分配——提取法定盈余公积、任意盈余公积、应付现金股利"明细科目余额结转至"利润分配——未分配利润"科目的会计分录如下：

借：利润分配——未分配利润   943.97

　　贷：利润分配——提取法定盈余公积   295.98

　　　　　　——提取任意盈余公积   147.99

　　　　　　——应付现金股利   500

甲公司 2×23 年 12 月 31 日资产负债表中"未分配利润"项目的期末金额 = 1 000 + 2 959.75 − 943.97 = 3 015.78（万元），选项 D 正确。

第九章　产品成本核算

331. 【答案】D 【解析】本题考查材料、燃料、动力的归集与分配。

(1) 材料消耗量分配率 = $(400 \times 600)/(0.2 \times 1\,300 + 0.1 \times 2\,400) = 480$；

(2) M 产品分配的材料费用 = $0.2 \times 480 \times 1\,300 = 124\,800$（元）。

选项 D 正确。

332. 【答案】A 【解析】该企业 11 月份完工甲产品的生产成本 = $3.5 + 6 + 2 + 1 - 3 = 9.5$（万元），行政管理部门人员的工资应记入"管理费用"科目，不在生产成本科目中进行归集。

333. 【答案】ABD 【解析】按计划单位成本分配，机修车间分配给供水车间的费用 = $30 \times 4.5 = 135$（万元），选项 A 符合题意；供水车间分配给机修车间的费用 = $7 \times 6 = 42$（万元），选项 B 符合题意。

公式①：机修车间的实际成本 = 待分配费用 + 按计划分配率从供水车间分配转入的费用 = $2\,500 + 42 = 2\,542$（万元），机修车间的计划成本 = $500 \times 4.5 = 2\,250$（万元），机修车间实际成本与计划成本的差异 = $2\,542 - 2\,250 = 292$（万元），选项 C 不符合题意、选项 D 符合题意。

公式②：机修车间的实际成本 = 待分配费用 = $2\,500$ 万元，机修车间的计划成本 = $500 \times 4.5 - 42 = 2\,208$（万元），机修车间实际成本与计划成本的差异 = $2\,500 - 2\,208 = 292$（万元）。

334. 【答案】× 【解析】本题考查辅助生产费用的归集与分配。直接分配法下，各辅助生产费用只进行对外分配，分配一次，计算简单，但分配结果不够准确；交互分配法的优点是提高了分配的正确性，但同时加大了分配的工作量。因此，交互分配法的计算结果比直接分配法更准确。

335. 【答案】C 【解析】A 产品的材料定额消耗量 = $150 \times 10 = 1\,500$（千克），B 产品的材料定额消耗量 = $200 \times 15 = 3\,000$（千克）；材料费用分配率 = 领用材料总成本/各项材料定额消耗量之和 = $1\,500 \times 30/(1\,500 + 3\,000) = 10$，A 产品应负担的

材料费用 = 1 500 × 10 = 15 000（元），选项 C 正确；B 产品应负担的材料费用 = 3 000 × 10 = 30 000（元）。

336.【答案】D 【解析】本题考查辅助生产费用的归集与分配——计划成本分配法。该企业 2 × 23 年 12 月利润表中"营业利润"的影响金额 =（1 672 + 2 450）–（1 200 + 2 400）= 512（万元），选项 D 正确。

【提示】企业采用计划成本分配法分配辅助生产费用时，应将辅助生产车间实际发生的生产费用与按计划成本分配转出的费用之间的差额记入"管理费用"科目。

刷易错

337.【答案】D 【解析】本题考查会计要素——费用。生产部门发生的招待费与财务部门发生的水电费，应记入"管理费用"科目，属于期间费用，选项 A、C 错误；市场部门发生的折旧费，应记入"销售费用"科目，属于期间费用，选项 B 错误。

338.【答案】A 【解析】本题考查辅助生产费用的归集和分配——计划成本分配法。计划成本分配法下，企业应将辅助生产车间实际发生的费用与按计划单位成本分配转出的费用之间的差额采用简化方法全部计入管理费用，选项 A 正确。

339.【答案】AB 【解析】本题考查产品成本计算方法。

（1）品种法适用于单步骤、大量生产的企业，如发电、供水、采掘等企业，选项 A、B 正确；

（2）分批法适用于单件、小批生产的企业，如造船、重型机器制造、精密仪器制造等，也可用于一般企业中的新产品试制或试验的生产、在建工程以及设备修理作业等，选项 C 错误；

（3）分步法适用于大量大批的多步骤生产，如冶金、纺织、机械制造等，选项 D 错误。

刷通关

340.【答案】D 【解析】供水车间的分配率 = 36 000/（5 000 – 200）= 7.5。

341.【答案】B 【解析】本题考查材料、燃料、动力费用的归集和分配。

（1）甲公司生产 X、Y 产品发生材料费用 = 4 000 × 100 = 400 000（元）；

（2）材料费用分配率 = 400 000/（4 000 × 12 + 2 000 × 26）= 4（元/件）；

（3）甲公司生产 X 产品负担的材料费用 = 4 000 × 12 × 4 = 192 000（元）。选项 B 正确。

342. 【答案】C　【解析】本题考查生产费用在完工产品和在产品之间的归集和分配——约当产量法。该企业生产 M 产品的材料在开始生产时一次性投入，所以 M 材料在完工产品与在产品之间分配时，不需要进行约当。

(1) 分配率 $=36/200\times100\%=18\%$；

(2) 该企业 2×23 年 2 月 M 产品完工产品的材料费用 $=120\times18\%=21.6$（万元）。

选项 C 正确。

343. 【答案】ABCD　【解析】本题考查产品成本项目。直接材料、直接人工、制造费用与燃料及动力都属于生产成本，选项 A、B、C、D 均正确。

344. 【答案】AB　【解析】本题考查成本会计的基本原理——产品成本计算方法。逐步结转分步法下需要结转半成品成本，并能够为各生产步骤的在产品实务管理及资金管理提供资料，选项 C 错误；平行结转分步法下，能够直接提供按原始成本项目反映的产成品成本资料，不必进行成本还原，因而能够简化和加速成本计算工作，选项 D 错误。

345. 【答案】×　【解析】本题考查辅助生产费用的归集和分配。对于辅助生产车间规模很小、制造费用很少且辅助生产不对外提供产品和劳务的，为简化核算工作，辅助生产的制造费用也可以不通过"制造费用"科目，而直接记入"生产成本——辅助生产成本"科目。

346. 【答案】×　【解析】本题考查产品成本计算方法——分批法。平行结转分步法主要用于不需分步计算半成品成本的情形，在计算各步骤成本时，不计算各步骤所产半成品的成本，也不计算各步骤所耗上一步骤的半成品成本。

347. (1)【答案】B　【解析】本题考查生产费用在完工产品与在产品之间的归集与分配。直接材料成本分配率 $=(30+75)/(50+100)\times100\%=70\%$；甲完工产品应负担的直接材料成本 $=50\times70\%=35$（万元），选项 B 正确。

(2)【答案】A　【解析】①直接人工成本分配率 $=(8+20)/(20\times50+100\times10)\times100\%=1.4\%$；②甲完工产品应负担的直接人工成本 $=20\times50\times1.4\%=14$（万元）。选项 A 正确。

(3)【答案】B　【解析】本题考查生产费用在完工产品与在产品之间的归集与分配。

①制造费用分配率 $=(2+6)/(20\times50+100\times10)\times100\%=0.4\%$；

②甲完工产品应负担的制造费用 $=20\times50\times0.4\%=4$（万元）。

选项 B 正确。

(4)【答案】D　【解析】本题考查生产费用在完工产品与在产品之间的归集与分配。甲完工产品总成本 $=35+14+4=53$（万元）。

会计分录如下：

借：库存商品　　　　　　　　　　　　　　　53

　　贷：生产成本　　　　　　　　　　　　　　　53

选项 D 正确。

（5）【答案】ABCD　【解析】本题考查生产费用在完工产品与在产品之间的归集与分配。选项 A、B、C、D 均正确。

348.（1）【答案】AB　【解析】本题考查产品成本核算——交互分配法。

①直接分配法适用于辅助生产内部相互提供产品和劳务不多的、不进行费用的交互分配、对辅助生产成本和企业产品成本影响不大的企业，选项 D 错误。

②计划成本分配法适用于辅助生产劳务计划单位成本要求较准确的企业，选项 C 错误。

（2）【答案】C　【解析】本题考查产品成本核算——交互分配法。

①供电车间对内分配率 = 2 400 ÷ 2 000 = 1.2（万元/万度）；

②供电车间交互分配转出的辅助生产费用 = 1.2 × 500 = 600（万元）。

所以，供热车间交互分配转入的辅助生产费用为 600 万元，选项 C 正确。

（3）【答案】C　【解析】本题考查产品成本核算——交互分配法。

①供热车间对内分配率 = 1 800 ÷ 7 500 = 0.24（万元/吨）；

②供热车间交互分配转出的辅助生产费用 = 1 500 × 0.24 = 360（万元）；

③供电车间对内分配率 = 2 400 ÷ 2 000 = 1.2（万元/万度）；

④供电车间交互分配转出的辅助生产费用 = 500 × 1.2 = 600（万元）；

⑤供电车间对外分配的费用 = 2 400 − 600 + 360 = 2 160（万元）。

选项 C 正确。

（4）【答案】B　【解析】本题考查产品成本核算——交互分配法。

供热车间对外分配的费用 = 1 800 − 360 + 600 = 2 040（万元）；

供热车间对外分配的分配率 = 2 040 ÷ (7 500 − 6 000) = 0.34（万元/吨）。

选项 B 正确。

（5）【答案】BCD　【解析】本题考查产品成本核算——交互分配法。供热车间分配的费用属于对内分配，选项 A 错误。

第十章　政府会计基础

349.【答案】D　【解析】在财政直接支付方式下，年末单位根据本年度财政直接支付预算指标数与其实际支出数的差额，在预算会计中借记"资金结存——财政应返还额度"科目，贷记"财政拨款预算收入"科目；同时在财务会计中借记"财政应返还额度——财政直接支付"科目，贷记"财政拨款收入"科目。本题要求选的是预算会计中的借方科目，选项D正确。

350.【答案】C　【解析】无偿调入的资产，其成本按照调出方账面价值加上相关税费等确定，根据确定的资产成本减去相关税费后的金额计入无偿调拨净资产。

351.【答案】ABCD　【解析】本题考查会计要素及其确认和计量。政府会计主体的非流动资产是指流动资产以外的资产，包括固定资产、在建工程、无形资产、长期投资、公共基础设施、文物文化资产、政府储备资产、保障性住房和自然资源资产等，选项A、B、C、D均正确。

352.【答案】×　【解析】本题考查政府会计实务概要。政府会计主体对资产进行计量，一般应当采用历史成本。

353.【答案】CD　【解析】对采用应收款方式确认的事业收入，实际收到款项时，在财务会计中借记"银行存款"等科目，贷记"应收账款"科目；同时在预算会计中借记"资金结存——货币资金"科目，贷记"事业预算收入"科目。应作如下账务处理：

编制财务会计分录：

借：银行存款　　　　　　　　　　　　　　　　　　　80 000

　　贷：应收账款　　　　　　　　　　　　　　　　　　　80 000

同时，编制预算会计分录：

借：资金结存——货币资金　　　　　　　　　　　　　80 000

　　贷：事业预算收入　　　　　　　　　　　　　　　　　80 000

选项C、D正确。

354. 【答案】AC 【解析】本题考查政府单位会计核算——财政直接支付。该事业单位的会计处理如下：

（1）编制预算会计分录：

借：事业支出   105 000

  贷：财政拨款预算收入   105 000

（2）编制财务会计分录：

借：单位管理费用   105 000

  贷：财政拨款收入   105 000

选项 A、C 正确。

355. 【答案】× 【解析】预算会计以收付实现制为基础进行会计核算。对采用应收款方式确认的事业收入，根据合同完成进度计算本期应收的款项，在财务会计中借记"应收账款"科目，贷记"事业收入"科目。实际收到款项时，在财务会计中借记"银行存款"等科目，贷记"应收账款"科目；同时在预算会计中借记"资金结存——货币资金"科目，贷记"事业预算收入"科目。

刷易错

356. 【答案】B 【解析】本题考查政府单位会计核算——非财政拨款收支业务。事业单位对外捐赠现金的会计处理如下：

（1）编制财务会计分录：

借：其他费用

  贷：银行存款等

（2）编制预算会计分录：

借：其他支出

  贷：资金结存——货币资金

选项 B 正确。

刷通关

357. 【答案】B 【解析】事业单位按照规定从其他单位调入财政拨款结转资金的，按照实际调增的额度数额或调入的资金数额，在预算会计中借记"资金结存"科目，贷记"财政拨款结转——归集调入"科目；同时在财务会计中借记"零余额账户用款额度""财政应返还额度"等科目，贷记"累计盈余"科目。

358. 【答案】AC 【解析】本题考查政府单位会计核算——财政授权支付。财政授权支付下，事业单位注销额度的会计处理如下：

（1）编制预算会计分录：

借：资金结存——财政应返还额度

　　贷：资金结存——零余额账户用款额度

（2）编制财务会计分录：

借：财政应返还额度——财政授权支付

　　贷：零余额账户用款额度

选项A、C正确。

359.【答案】AB 【解析】事业单位通过单位零余额账户转账支付，属于财政授权支付方式。该支付方式下，事业单位按规定支用额度时，按照实际支用的额度，在预算会计中借记"行政支出""事业支出"等科目，贷记"资金结存——零余额账户用款额度"科目；同时在财务会计中借记"库存物品""固定资产""应付职工薪酬""业务活动费用""单位管理费用"等科目，贷记"零余额账户用款额度"科目。应作如下账务处理：

编制预算会计分录：

借：事业支出——财政拨款支出　　　　　　　　　　　　　32 000

　　贷：资金结存——零余额账户用款额度　　　　　　　　　　　32 000

同时，编制财务会计分录：

借：固定资产——办公设备　　　　　　　　　　　　　　　32 000

　　贷：零余额账户用款额度　　　　　　　　　　　　　　　　　32 000

选项A、B正确。

360.【答案】× 【解析】对于投资和公共基础设施、政府储备物资、保障性住房、文物文化资产等经管资产而言，其初始成本只能按照有凭据证明金额加上相关税费等确定、无凭据有评估价值加上相关税费等确定、无凭据也无评估比照同类或类似资产的市场价格加上相关税费等确定三个层次进行计量，不能采用名义金额计量。